KB260873

보훈복지정책의 혁신비전

보훈복지정책의 혁신비전

초 판 1쇄 발행 | 2005년 5월 25일

지은이 | 이충렬
디자인 | 커뮤니케이션즈 코리아
발행인 | 김학민
발행처 | 학민사

등록번호 | 제10-142호
등록일자 | 1978년 3월 22일

주소 | 서울시 마포구 대흥동 150-1번지(121-809)
전화 | 02-716-2759, 702-3317
팩시밀리 | 02-703-1494~5

홈페이지 | http://www.hakminsa.co.kr
이메일 | hakminsa@hakminsa.co.kr

저자와 출판사의 허락없이 내용의 일부를 인용하거나
발췌하는 것을 금합니다.

ISBN 89-7193-169-8(03330), Printed in Korea

• 잘못 만들어진 책은 구입하신 서점에서 바꿔드립니다.

• 값 7,500원

복지정책의 혁신비전

이충렬 지음

학민사

머리말

안타까운 마음이 이 책을 쓰게 했다. 유사 이래 국가가 있는 곳에는 애국자에 대한 보훈제도가 존재해 왔다. 특히 근대에 들어와 민족국가가 들어서면서 선진국 일수록 보훈제도는 발전을 거듭해 왔다.

그런데 우리나라의 경우 해방 60주년, 건국 57주년을 맞이한 2005년 보훈복지의 낙후된 현실이 필자로 하여금 이 글을 쓰지 않을 수 없게 만들었다. 우리가 OECD에 가입한 지 8년, 참여정부는 2008년 2만불 사회 진입을 목표로 내세우고 있다. 그런데 과연 보훈복지는 2만불 사회를 지향하는 비전과 청사진이 있는가? 아니 비전은 관두고, 현재 만 오천불 사회에 걸맞는 내용을 갖고 있는가?

결론부터 말하면 전혀 그렇지 못하다. 보훈복지는 그 동안 사회적 무관심 지대에 놓여 있었다고 말해도 과언이 아니다. 정통성이 부족한 역대 군사정권은 보훈단체와 정책에 대한 근시안적 행정에 매몰되어 왔고, 철학이 뒷받침된 보훈제도를 발전시키지 않았다. 근자에 우리 민족의 정체성과 자부심에 관한 국민적 열기가 뜨겁게 달아오르고 있고, 참여정부는 우리 역사의 정통성과 가치관을 근본적으로 정립하고 있다.

이러한 시대상황을 감안한다면 보훈복지의 현실을 분석하고, 참여정부의 국정철학에 맞게 혁신하는 것은 더 일찍 했어야 할 일이었다. 이 책은 그 동안 한 번도 학문적으로나 정책적으로나 종합적으로 고찰되지 못한 보훈복지 분야에 대한 현장보고서이면서 동시에 정책제안서이다. 이 책에 깔린 몇 가지 전제를 설명드린다.

첫째, 이 책은 균형잡는 것을 목표로 하지 않았다. 어려운 환경과 박봉에도 불구하고 헌신적으로 보훈 업무에 종사하는 많은 분들이 있다. 그분들이 있었기에 그래도 한국의 보훈 분야가 여기까지 온 것이다. 그러나 이 책은 잘잘못을 공평하게 서술하는 것이 목표가 아니기에 현재의 부족한 점을 중심으로 미래의 대안을 만드는데 초점을 맞춘 책이라는 점을 먼저 말씀드린다.

둘째, 이 책의 주제는 보훈복지 분야에 한정하고 있다. 보훈업무는 철학 정립, 선양업무, 복지업무, 유공자 발굴업무, 행정지원업무 등 여러분야가 있지만, 보훈공단의 주 업무가 보훈복지 분야이기 때문에 이 분야에만 초점을 맞추었다.

셋째, 병은 널리 소문내라는 격언이 있다. 이 말이야말로 필자가 이 책을 쓴 동기이기도 하다. 보훈복지는 정부와 국민의 전폭적 지지가 없으면 발전할 수 없다. 지지를 받으려면, 실상을 알리고, 그 의의에 대하여 동의를 받아야 한다. 그러자면 현실을 있는 그대로 알리는 것이 선행되어야 한다고 보았다. 더 나은 보훈복지를 위한 자기고백으로 이해해 주기 바란다.

해마다 6월이면 호국보훈의 달이라 하여 많은 행사를 치르고 매스컴이 관심을 기울인다. 그러나 해가 갈수록 형식화되고, 왜소해진다고 느끼는 것은 필자만의 느낌일까? 월드컵 대회를 거치고, 인터넷 초강국으로 불리면서 민족적 자각과 자부심은 높아가고, 세계무대 속에서 우리 역할은 커지는데, 왜 보훈은 낡은 이미지만 연상되고, 방치되어 있다는 느낌을 받게 되는 걸까?

대한민국의 헌법 전문을 보면, 상해 임시정부의 정통성을 계승한 대한민국은 자유민주주의 질서와 민주화 이념을 자신의 뿌리로 선언하고 있다. 이에 따라 독립유공자, 참전유공자, 민주유공자 등의 국가유공자들이 존재한다.

이들 국가유공자(유공자는 26만 명, 가족포함 70여만 명. 장기근무 제대자와 가족까지 합치면 보훈행정 대상자는 총 215만여 명)의 평균연령은 65세에 이른다. 65세 이상의 노인이 7%에 이르면 고령화 사회라고 한다. 유공자의 경우 65세 이상이 65%에 이른다. 엄청난 초고령 집단이다. 이 유공자 집단에 대한 노후복지제도는 참으로 낯뜨거울 정도로 미흡하다. 보훈복지를 정상화하려면 사회의 관심을 일깨워야겠다는 소명감이 안 생길 수 없었다. 이것이 이 책을 관통하는 주제이기도 하다.

이 책은 총 6장과 2개의 부록으로 구성되어 있다.

1장은 국가로부터 보훈복지를 위임받은 보훈공단의 현실을 있는 그대로 서술했다. 목적사업인 의료 및 복지사업과 이를 뒷받침하는 수익사업의 실상을 알리고 있다.

2장은 보훈복지와 관련하여 보훈처의 관련 업무를 다루고 있다. 보훈공단은 모든 업무를 보훈처 담당국과 사전 협의, 승인, 감독받는 업무체계를 가지고 있다. 따라서 보훈복지를 분석하다보면 보훈처의 역할에 대해 언급하지 않을 수 없다.

3장은 보훈공단의 혁신과제를 도출하고 있다. 1장, 2장에서 현황과 문제점을 지적했다면, 3장에서는 혁신과제와 방향을 구체적으로 분석하고 있다.

4장은 보훈복지업무의 최대 취약점인 비전 문제를 다루고 있다. 지난 수십년동안 보훈복지는 '비전없는 행정'으로 진행되어 왔다. 변화와 혁신의 시대를 맞이하여 공단의 비전에 관해 필자의 대안을 '보훈복지 컨버전스 시대'라는 개념으로 압축해서 설명한다.

5장은 신규 수익사업에 대한 고민을 제안한다. 수익사업이 왜 필요한지, 한다면 목적사업과 시너지 효과가 있는 어떤 사업이 가능한지 필자의 제안을 담고 있다. 고령친화사업이야말로 공단이 가장 경쟁력을 갖춘 사업 분야라는 점을 강조할 것이다.

6장은 보훈복지를 추진하기 위한 가장 중요한 문제, 재원의 문제를 논하고 있다. 정부 예산운용의 경직성을 탈피하여, 급격하게 증가하는 복지수요를 담당하기 위한 재원의 안정적 조달 방법을 고민한다. 각국의 제도도 참고하여 우리 현실에 적용할 수 있는 몇 가지 현실적인 방안을 제안하고 있다. 관련 정책입안가들의 적극적인 관심과 검토가 요청되는 부문이다.

부록 1은 수익사업과 보훈가치의 선양이라는 이중적 목적을 위해 영상문화사업을 적극 검토할 것을 제안한다. 영화제작에 대한 투자 등을 통해 보훈과 멀어지는 젊은 층, 인터넷 세대와 소통하고 한편으로 공단의 수익산업구조를 근대화하자는 문제의식을 다룬다.

부록 2는 글로벌 보훈선양운동 차원에서 한국판 노벨상 '이순신상' 제정 아이디어를 제안한다. 이순신이라는 콘텐츠를 국내용으로만 가둬두지 말고, 글로벌 스탠다드의 무대에서 코리아 브랜드 파워를 높이는 견인차로 삼자는 제안이다.

모쪼록 이 책자를 통해 우리 보훈복지의 현실을 이해하고, 한 국가의 존엄과 가치, 국가 수호의 의지와 국민통합을 이루는데, 보훈복지가 밑바탕을 이룬다는 사실을 알아주시면 그보다 더 큰 보람이 없겠다.

이 책이 나오는데 많은 분들이 도움을 주셨다. 공단의 이규인 과장, 이용재 과장이 자료편집에 너무나 큰 도움을 주고, 적절한 조언을 아끼지 않았다. 바쁜 일정에도 불구하고 원고 검토와 디자인을 허락해 주신 커뮤니케이션즈 코리아의 김경해 사장님, 그리고 출판을 허락해주시고 직접 편집·교정을 봐주신 김학민(학민사 대표) 선배의 뜨거운 후의에도 이 기회를 빌어 진심으로 감사의 말씀을 드린다. 이 분들의 도움이 없었다면 이 책은 빛을 보기 어려웠을 것이다. 그럼에도 만약 이 책에서 오류나 잘못이 발견된다면 그것은 전적으로 필자의 책임이다.

2005년 5월 18일
광주민주항쟁 25돌 아침에
이충렬

목차

보훈복지정책의 혁신비전

제1장 복지없는 보훈복지의료공단

- 개괄적 현황
- 보훈의료 실태
- 낯뜨거운 복지현실
- 영세한 수익사업
- 왜 복지가 실종되었을까?
- 두뇌기능의 부재
- 보훈복지 모형의 부재
- 비전 부재, 관료주의, 군대식 조직문화

복지없는 보훈복지의료공단

개괄적 현황

한국보훈복지의료공단(이하 보훈공단)은 법 제6조에 의거 국가유공자등의 가료·보호 및 의학적·정신적 재활과 진료, 그리고 직업재활교육, 단체의 운영 지원 등 국가유공자의 의료지원 및 복지증진을 위해 1981년 설립되었고, 보훈처로부터 위탁받은 사업과 이들 목적사업을 수행하기 위한 수익사업을 펼치고 있다.

그 주요한 것이 전국 5개에 걸친 보훈병원, 수원에 있는 교육연구원, 보훈원과 보훈복지타운이 있고, 충주에는 보훈휴양원이 있다. 그리고 수익사업으로는 복권사업단과 유통사업단, 건제사업단, 봉제사업단이 있다.

공단의 2005년도 총예산은 4,261억 원으로 의료사업 3,334억(78%), 복지사업 32억(1%), 수익사업 895억(21%)으로 구성되어 있다.

그리고 법에 의하여 공단의 고객이 될 수 있는 국가유공자를 비롯한 가족을 추정해볼 때 국가유공자는 26만 명, 가족까지 치면 70여만 명, 참전군인을 포함하면 107만 명, 그 가족까지 포함하면 215만 명에 달한다.

여기서 한 가지 세간의 혼동을 얘기한다면, 보훈병원이라고 해서 국가유공자만 올 수 있는 곳은 아니라는 점이다. 일반환자들도 환영받는다. 실제로 지역사회 봉사와 수익성 제고라는 이중목표를 위해 일반환자 유치에도 힘을 쏟고 있다. 국가유공자 및 그 가족들의 경우는 상이 정도에 따라 다른 치료비를 내는데, 100% 국비환자에서 60% 감면, 30% 감면 등으로 되어 있다. 일반환자는 건강보험 수가에 따른다.

보훈복지 업무 중 의료지원과 복지지원은 우리 공단이 담당하고, 연금지급이나 대부 등은 보훈처에서 직접 취급한다. 그럼, 우리 공단의 현황을 구체적으로 살펴보자.

보훈의료 실태

2005년 초 우리 공단은 2가지 평가 결과를 접하고 희비쌍곡선을 그렸다. 우선 기획예산처에서 능률협회에 의뢰하여 고객만족도를 조사한 결과, 조사대상이 된 77개 정부산하단체 중 보훈병원은 상위 20% 이내에 들어가는 우수집단으로 평가받았다. 곧이어 보건복지부에서 전국 500병상 이상의 78개 종합병원급 이상을 대상으로 평가한 결과(우리 공단의 경우 서울과 광주병원이 해당) 광주병원이 미흡하다는 D(69위)를 가장 많이 받았고, 서울병원조차 중하위권(41위)으로 평가받았다.

고객만족도의 경우, 내부 사람들의 체감과는 다른 면이 있었다. 왜냐하면, 병원 현장에서는 일부 유공자가 불만사항을 거칠게 항의하는 경우가 많아 병원은 항상 마음을 졸인다. 병원의 잘못도 있겠지만, 조그만 실수나 불만이 있어도 단체를 통해 항의하거나, 보훈처, 감사원, 심지어 청와대에 민원을 넣는 경우가 워낙 많아 병원 일선 근무자들이 위축되어 있는 측면도 있다. 그런데, 종합적인 만족도를 보면 상당히 좋은 것으로 나와 모두가 축하하면서 더욱더 분발하자는 다짐을 하는 계기가 되었다.

고객만족도가 높이 나온 원인을 분석하면 크게 2가지 요인을 들 수 있다. 첫째로는 최근 몇 년 사이에 고객만족 경영을 위한 임직원들의 집중적인 노력이 있었다. 친절도 향상에서 시작하여, 예약진료제, 가정간호사제도 등 새로운 제도의 도입과 OCS(처방전달시스템) 표준화 및 PACS(의료영상저장전송시스템) 시스템 구축, 재난재해시스템 및 진료처방 전산시스템 등 종합보훈정보시스템 구축 등을 통해 꾸준히 노력해 온 점이 유공자들에게 인정을 받은 것 같다.

그리고 둘째, 가장 중요한 요인은 따로 있다. 그것은 2001년 정부에서 플러스 복권사업을 허용하여 공단사상 처음으로 막대한 투자재원을 확보, 시설투자를 할 수 있었다는 점이다. 불과 2년만에 2,000억 원의 자금을 조성하여 재무건전성을 확보하고 병원의 신증·축과 설비에 투자했다. 만약 이 중요한 몇 년 동안 병원에 신규투자가 되지 않았다면, 의료사업조차 해외 개방되는 작금의 상황을 볼 때, 보훈병원의 경쟁력이나 서비스 능력은 되돌이킬 수 없는 하향곡선을 그리게 되었을 것이다. 이 점은 김대중대통령이 이끈 국민의 정부의 큰 업적의 하나로 기억된다.

1983년 공단 창설 이래, 공단이 의미있는 수익사업을 가진 것은 2001년 복권사업이 처음이었고, 나머지 수익사업은 유공자 복지사업을 위한 재원조달 기능을 상실하고 종사하고 있는 근로자의 인건비를 충당하거나 공단의 경상운영비를 보조하는 수준으로 전락한 상태다.

현재 보훈병원은 서울(820병상), 대전(350병상), 광주(500병상), 대구(300병상), 부산(540병상) 등 전국 총 2,510병상으로 구성되어 있고, 작년 경우 내원객들이 연인원 기준 천만 명을 넘어섰다.

국가유공자의 나이 구성을 보면, 65세 이상이 65%에 이른다. 65세 이상이 7% 이상이면 고령화사회, 14% 이상이면 고령사회, 20% 부터는 초고령사회라 한다. 그런 관점에서 보면, 국가유공자야말로 한국사회에서 가장 고령화된 집단으로 볼 수 있다. 연령이 높다보니 해마다 환자 발생률도 높을 뿐 아니라 만성적이고 치료가 어려운 질병도 점점 많아지고 있다.

이에 대비 작년 정부 차원에서는 2009년까지 서울병원에 600병상의 현대식 급성기 병동을 신축키로 하여 서울병원을 대학병원급 3차 진료기관으로 격상키로 결정한 바 있다. 사실 대단히 늦은 감이 있다. 지금까지 보훈병원은 2차병원으로 암이나 고난도 질병의 경우 다른 종합병원에 환자를 위탁 보내고 있는 실정이다.

미국의 경우를 우리와 단순 비교할 수는 없지만, 미국 보훈병원은 대통령이 입원하는 병원으로, 믿을 수 있는 첨단의료기관으로 이미지 잡혀있는 점을 생각하면, 우리와는 큰 차이가 있다. 이렇게 된 데는 몇 가지 이유가 있다고 본다. 김대중대통령 정부 이전에, 특히 군사정부에서는 철학이 뒷받침된 복지제도를 제도화하지 않았다.

현실적인 이유를 들자면, 첫째로 예산의 제한을 들 수 있겠다. 역대 정권에서 예산상의 이유로 보훈병원에 최소한의 투자만 허용했다. 둘째로는 보훈복지를 위한 기금이 제대로 조성되지 못했다. 거의 대부분의 정부부처가 고유사업 수행을 위한 기금을 갖고 있다. 농림부의 한국마사회는 경마사업 등을 통해 연간 순 기금 적립액이 1,400억 원 정도로 축산발전기금과 농어촌 복지재원에 지원하고 있고, 문광부의 국민체육진흥공단은 경륜사업과 골프장사업 등에서 연간 1,500억 원 정도의 안정적인 기금을 조성하는 사업을 수행하고 있다.

그런데, 보훈처의 보훈기금은 2005년도 계획 누적 조성액이

7,600억 원을 목표로 하고 있으나, 기금의 조달은 여유자금 운용과 대부원리금 등에서 94% 정도를 조달하고 있고, 88골프장 사업, 향군사업 전입금 등 안정적인 사업에서의 조달액은 10% 정도에 지나지 않아 최근 2002년과 2003년에는 운영수지가 적자를 내 기금 조성액이 감소하기도 했다.

이러다보니 세월의 흐름에 따라 복지수요는 폭증해도, 의료시설을 위한 야심적인 투자는 말할 것도 없고, 감가상각이 지난 의료기기를 새로 도입하는 것도 힘든 실정이 이어졌고, 2003년 복권수익금이 본격적으로 조성되고서야 병원 장비에 418억 원, 시설에 892억 원을 투자하여 간신히 시대흐름을 따라잡게 되었다.

낯뜨거운 복지 현실

우리 공단 예산중 복지관련 예산이 1%라는 사실은 앞서 말한 바 있다. 보훈복지를 보면 고령사회 한국의 미래가 보인다는 말을 감히 하고 싶다. 물론 이 말은 칭찬이 아니다. 대통령 자문위 고령화 및미래사회위원회에 의하면, 고령화사회에 대한 국가 차원의 준비가 없으면 국가적 재앙이 올 수도 있다고 한다. 그리하여 범정부 차원에서 본격적인 대비책을 준비하고 있다. 그럼 유공자들의 보훈복지는 어떤 상황일까?

6·25참전용사가 70대 중반이라는 점을 감안하면 대부분의 국가유

공자가 60~70대이다. 독립유공자 1세대는 거의 돌아가시고, 살아 계신 분도 대부분 80대에 이른 고령이다.

최근 보훈처 조사자료(2005년 2월 실시. 7,500여명의 질문자 가운데 절반 정도인 3,500여 명이 답변을 보냄)에 의하면 타인의 도움이 필요하다고 한 사람이 절반 정도(48%), 요양시설에 갈 의향이 있다고 한 사람이 42%, 가능하다면 보훈처의 시설로 가고 싶다는 사람이 87%로 나왔다. 위 통계를 참조하여 2005년 2월 말 현재 고엽제후유의증을 포함한 국가유공자 등 본인이 202,665명임을 감안할 때 요양시설을 필요로 하는 국가유공자는 85,119명(202,665명×42%)임을 유추해 볼 수 있고, 여기에 참전유공자와 제대군인 등을 포함한다면 그 수요는 상당히 많다고 할 수 있다.

그런데 이 분들을 위한 복지시설은 무의탁자가 거주하는 보훈원(250명), 실버타운 개념의 보훈복지센타(452세대)가 전부다. 나머지는 다 개인의 책임으로 돌려져 있다. 중풍치매환자를 위한 노인요양시설, 노인주거시설, 노인생활용품 등 노령생활을 지원하는 복지정책은 거의 없다고 해도 과언이 아니다.

그 동안 예산제약과 정책적 소극성 때문에 유공자 집단의 노후복지문제는 방치되어 온 것이다. 일정액의 연금을 주는 것으로 정부의 책임을 다한 것으로 치부해 온 것이다. 고령사회의 우울한 전망을 이론적으로 고찰할 필요가 없다. 우리 눈 앞의 국가유공자 복지를 보면 한국의 미래가 보인다.

영세한 수익사업

　전통적 재원확보사업은 봉제사업과 철제·목제사업, 관세청 압수
물품 위탁판매와 외국인 대상 면세품 판매사업이 있다.

　1980년대부터 시작한 봉제사업은 현역 장병들의 런닝셔츠를 독점
적으로 공급하고 있다. 1년에 약 108억 정도의 매출을 하는 이 사
업은 뚜렷한 한계를 갖고 있다. 공급량의 영세성으로 말미암아 일
정 규모의 안정적 독점이익(8~9억)만 제공한다. 주로 40대 후반의
여성근로자로 이루어진 종업원은 총 74명인데, 공단의 조직특성상
동종 업종의 타사업장에 비해 131~163% 높은 수준의 고임금(1인
월평균 1,846천원)을 지불하고 있다.

　철제, 목제의 경우는 주공 등 공공기업이 짓는 아파트의 문짝과
철제난간, 수배전반을 수의계약받는 사업이다. 그러나 계속되는 건
설경기 침체 등으로 수주물량이 급감하여 자체인원 정리와 생산라
인을 축소하고 시설을 외부업체에 임대하는 등 수익성 제고를 위해
노력을 기울이고 있으나, 이미 사업성을 상실하고 인원정리를 할
수 없어서 끌고 가는 사업이다.(2004년 임대수익포함 순이익 11억)

　유통사업은 세관의 범칙물품 및 국고귀속 물품을 관세청으로부터
위탁받아 판매(25% 정도의 판매수수료를 받는다)하는 세관 위탁물
품과 주한 외교관을 대상으로 판매하는 외교관 면세점 판매사업,
그리고 일반상품 판매사업을 하고 있다. 과거 수입자유화 이전에

압수물품이 많을 때에는 수익창출로 공단의 수익사업에 일조를 하였으나, 수입 개방 이후 물량이 급감하고 있고, 세관의 판매수수료 또한 낮추고 있는 실정이어서 사업에 많은 어려움을 겪고 있다. 또한 천수답(天水畓)식 사업의 특성 때문에 영업활동으로 인한 수익 증대에는 한계가 있다. 그러나 과거 불투명한 거래의 대명사처럼 불려졌던 입찰방법에 있어서는 2004년부터 인터넷 입찰이 시작되고, 관세청의 재고목록이 실시간으로 연결됨으로써 투명성이 획기적으로 좋아지는 등 경영개선에 많은 노력을 기울이고 있다.(2004년 순이익 14억)

위 3개의 수익사업의 경우 2004년에 총 39억의 순이익을 올렸다.(도표 1 참조)

복권사업은 우리 공단 역사상 획기적 기여를 하였다. 1981년 전두환정부때 보훈공단이 창설된 이후 처음으로 보훈복지를 위해 쓸

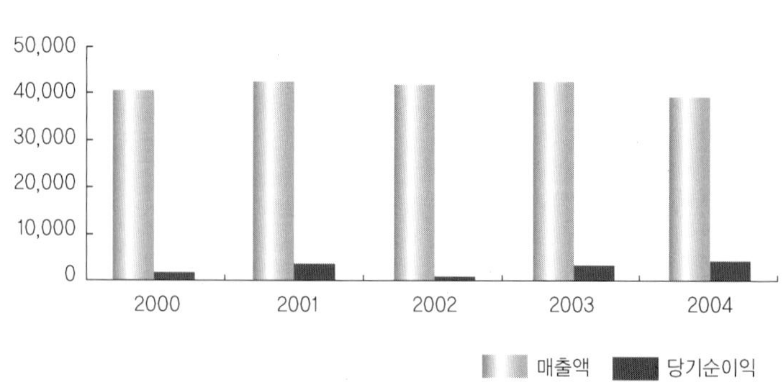

도표 1. 수익사업 매출액과 당기순이익 변동추이

단위 : 백만원

구분	2000	2001	2002	2003	2004
매출액	40,325	42,555	41,736	42,584	39,145
당기순이익	1,457	3,661	999	3,309	3,900

* 참고 : 복권사업 제외

수 있는 수익기금을 국민의 정부가 허용한 것이다. 복권기금을 통해 조성된 자금을 최근에 투자하지 못했다면, 보훈복지는 존폐의 기로에 몰렸을 것이다. 2년 동안 2,000억 원 정도의 수입금을 조성하여 재무건전성을 확보하고 병원의 시설 및 장비에 투자했다.(도표 2 참조)

그러나 2004년 3월을 기해 모든 복권사업이 총리실 산하 복권위원회에 귀속되었고, 이제는 단순히 우리 공단이 관련 업무를 위탁

도표 2. 복권사업 매출액과 당기순이익 변동추이

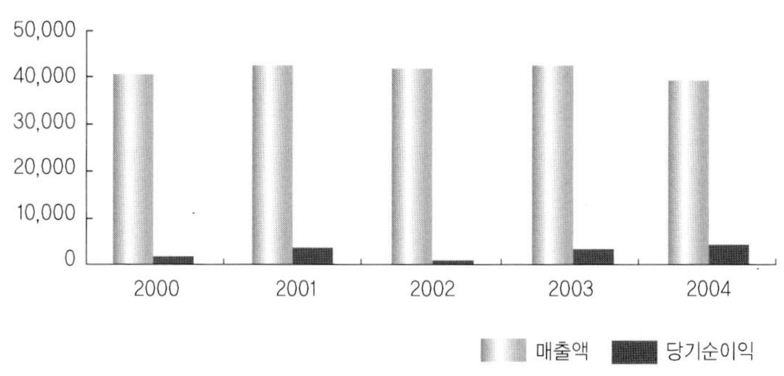

단위 : 백만원

구분	2001	2002	2003	2004
매출액	56,693	138,086	339,969	68,622
당기순이익	17,973	48,735	110,262	22,898

대행하는 수준이다. 5년 후 실적을 보고 존폐를 결정키로 했는데, 대박을 기대하는 소비자들에 부응한 로또복권의 등장에 따라 기타 복권들은 모두 생사지경을 헤매고 있는 실정이다. 로또 복권의 경우 복권및복권기금법에 의해 그 사용처가 '국가 유공자 복지지원'과 '저소득층의 임대주택건설 등'에 쓰게 되어 있는데, 로또 총수익의 30%는 기존 복권발행기관이 지분을 갖고 있고(우리 공단 7.5%, 2004년 기준 222억), 나머지 70%는 그해그해 복권위원회에서 결정한다.(우리 공단 2004년 기준 364억) 자체복권사업으로 공단의 새로운 부흥을 꾀하려던 부푼 꿈은 거품처럼 사라져버렸다.

문제는 올해부터다. 올해 말부터 공단은 다시 적자재정으로 돌아설 것으로 보인다.

왜 복지가 실종되었을까?

보훈복지의료공단에서 복지가 실종된 데는 정권의 철학부재, 관료주의, 경영진의 무사안일주의가 복합적으로 작용한 것으로 보인다.

우선 역대 정권은 보훈복지를 제도와 정책으로 발전시키지 않았다. 오랜 성장우선시대를 거치면서 복지분야가 미성숙한 것은 한국사회가 갖고 있는 일반적 한계이지만, 보훈복지조차 이 부분에서 예외가 아니었던 것은 그만큼 역대 정부가 철학이 부족했던 방증으로 보인다. 특히 정권의 정통성이 취약하고, 친일청산 등을 못해 민족정기를 확립하지 못한 역대 군부정권은 국가유공자를 존경의 대상으로 격상시키기보다 정권유지를 위한 행동대로 활용했다. 이권사업을 매개로 통제하면서, 대중들의 복지에 대해서는 무관심했다.

둘째는 관료주의의 한계로 인해, 새로운 발상이나 사업에 도전하지 않는 풍토가 뿌리박혀 있다. 되지도 않을 일을 괜히 해서 골치 아플 필요가 없다는 논리다. 그러다 보니 보훈정책은 창의성을 바탕으로 시대를 주도하는 것이 아니라 매년 주어진 예산집행에 머무는 '현상유지형 행정'이 되어버리고 말았다.

셋째, 경영진의 경영마인드 부재 역시 오늘의 상황에 일조하였다. 보훈세계가 일반인들이 접근하기 어렵고, 언론이 조명하기 어려운 별개의 세계라는 느낌을 주면서, 외부의 변화와는 무관한 그들만의 세계가 되어버렸다. 24년 역사에서 보훈복지라는 원래의 명제를 놓고, 수요와 공급을 일치시키려는 초보적 정책 패러다임조차 고민된 적이 없었다. 장기적 비전이나 전략적 로드맵 없는 보훈복지업무가 되어버린 것이다.

그 다음으로, 가장 흔히 들을 수 있는 이유 중에 예산문제가 있다. 보훈처와 기획예산처의 지휘감독을 받는 공단 예산은 그해 예산 가이드라인을 넘어설 수가 없는 구조다. 그러나 보니 고령화에 따른 복지수요 폭증에 그해그해 떨어지는 예산을 가지고 땜질식으로 대처할 수밖에 없었고, 정작 고령화시대를 맞이하여 보훈복지는 보건복지부의 고령화시대 대책에 뒤따라가는 형국에 이르게 된 것이다.

어느 한 사람, 어느 한 부서의 책임이 아니다. 수십 년 동안 정권의 철학과 정부 내 역학관계, 관료주의에 안주하는 가운데 조직문화 자체가 부메랑이 되어서 돌아온 것이고, 이런 역사적 배경 속에서 혁신을 강요받게 된 것이다. 이럴 때에는 정권의 철학과 정책의 패러다임 전환으로 대처해야 한다. 물가상승률에 연동된 예산증가율로는 감당할 수 없기 때문에 예산한계를 돌파할 수 있는 특단의 재원조달 수단을 강구해야 하기 때문이다.

두뇌기능의 부재

공단에 와서 놀란 것 중의 하나가 정책기획기능의 부재였다. 보다 질 높은 보훈 서비스를 제공하고, 이의 재원을 마련하려면, 복지정책의 개발과 재원조달을 위한 기획기능이 긴요한 것은 말할 필요도 없다. 그런데 여기에 문제가 있었다.

공단에도 기획조정실이 있다. 기획부와 예산부로 구성되어 있다. 그런데 주로 하는 일이 내부 자료를 취합하여 보훈처, 기획예산처, 국회 등 감독관청과 협의하는 일이 주였다. 전체 직원은 3,200여 명에 이르고 있으나, 사무직의 경우 전부가 행정지원기능에 초점을 맞추고 있고, 실제 이름 그대로의 기획기능과 정책개발기능은 존재하지 않는다.

이것은 외부와 비교할 때 참으로 기이한 현상이 아닐 수 없다. 지금 바깥에서는 글로벌 경쟁이니 변화와 혁신이니 하면서 급격한 환경변화에 대한 응전을 생사를 걸고 치열하게 고민하고 있다. 그런데, 이러한 시대적 소용돌이를 헤쳐 나가면서 새로운 정책을 개발하고, 신규 수익사업을 개척할 부서와 기능 자체가 없다? 기조실 직원은 회의자료 준비와 복사에 눈코 뜰 겨를이 없는 지경이었다.

일반 회사라면 상상도 할 수 없는 일이다. 시장환경을 끊임없이 체크하고, 신상품을 개발하고, 조금이라도 경쟁회사에 앞서서 시장을 리드해야 하는 일반 회사라면 두뇌기능을 제거한 조직을 상상이라도 하겠는가? 그런데 보훈공단은 왜 이런 일이 생겼는가? 모든 공기업이 안고 있는 태생적 문제 때문이다.

보훈공단도 독점적인 사업영역을 위탁받고, 국가예산으로 집행만 하면 되는 관습에 푹 젖어 있었다. 모난 돌이 정 맞듯이, 예산과 관례의 범위를 벗어난 정책과 업무는 조직에서 환영받지 않았다. 그러다 보니 24년 동안 매년 보훈처에서 주어지는 예산범위 내에서

한 해 한 해 지내는데 만족해 하는 조직 풍토가 싹트지 않을 수 없었다. 참여정부가 공기업 혁신을 목놓아 강조하는 이유를 우리는 여기서 생생히 이해할 수 있다.

물론 공단에도 중장기 계획도 있고, 경영목표도 있다. 그러나 20년 전이나 지금이나 통용될 수 있는 추상적 목표이지 구체적 목표와 수단이 특정되어 있지 않았다.

보통 혁신교재를 보면, '공기업의 경우 자기 분야에서 세계 최고 수준의 서비스를 제공하겠다'는 비전을 내세우는 경우를 자주 보게 된다.

우리 보훈공단의 예를 들면 2005년 경영목표는 선진보훈의료체계 구축, 보훈복지, 선양교육의 내실화, 경영개선으로 수익창출, 보훈 중심의 경영혁신 추진이다.

두뇌 구실을 할 기획정책기능이 부재한 조직이 혁신시대에 살아남기 힘든 것은 자명한데 사회의 발전과 패러다임의 변화를 인식하고, 이를 자기 업무 내에서 발전시키는 능력을 상실한 두뇌없이 몸통만 있는 행정조직의 비극을 그대로 담고 있었다.

고유사업이 정체상태에 머물러 있는데, 하물며 엄청난 연구조사 능력과 시대흐름을 간파해야 하는 신규사업 개척은 더욱 준비하기 어려웠을 것이다. 민간기업과의 경쟁에서 패배한 경험만 있는 공단은 신규사업에 대한 좌절감, 외부에의 의타심, 복권과 같은 한건주의를 기대하는 심리로 복잡한 상태였다.

보훈복지 모형의 부재

편의상 보훈이란 단어를 빼고 복지를 보자. 우리 사회는 98년 외
환위기 이후 본격적으로 복지제도를 고민하기 시작했다. 생산적 복
지란 말도 나왔고, 사회적 안전망이란 용어도 사회적으로 회자되기
시작했다. 사회안전망을 짤 때는 미래의 서비스 수준과 수요를 예
측하고, 장기적으로 드는 비용을 추계하는 모형이 존재하게 된다.
국민연금이 고갈될 것이라는 등의 우려가 있는 것도 이러한 모형에
서 출발하게 된다.

필자가 공단에 온 이후 가장 관심을 가진 것도 이러한 모형의 개
발이었다. 국가유공자의 연령과 서비스를 주요 함수로 하면 비용이
나오지 않겠는가. 그것을 바탕으로 중장기 플랜을 짜고 소요비용의
조달방식을 고민하는 것이 순서 아닌가?

후진국형과 선진국형이 차이가 있다면 여기에 있을 것이다. 예전
에는 만성적으로 돈이 부족해서 은행이 갑인 시절이 있었다. 그러
나 지금은 저금리시대라 신용과 아이디어만 있으면 돈 걱정할 필요
는 없다. 후진국은 주어진 예산한도 내에서 집행을 절제하는 미괄
식 정책을 쓸 수밖에 없다. 그러나 선진국형으로 갈수록 두괄식 정
책을 써야 한다. 정책에 대한 모형과 소요재원규모를 먼저 측정하
고 예산이나 사업기금 확보를 고민하는 쪽으로.

그러나 보훈분야 사업에서 이러한 발상은 존재하지 않았다. 보훈

복지에 대한 심도있는 벤치마킹이나 정책모형을 개발하는 노력을 기울이지 않았다. 이 분야의 현실에 대해서는 보훈행정 분야에서 자세히 설명하겠다. 하여튼 보훈분야는 세월이 지나감에 따라 한국 사회의 발전을 따라가지 못하는 지체현상을 맞이하게 되었다. 의료 분야에 있어서도 보훈병원은 종합병원 중 중하위권에 머물고, 복지 분야에 있어서는 일반 국민을 위한 노령화 대책이 나오자 비로소 뭔가 움직임을 보이는 본말이 전도된 현실이다.

만약 정상적인 국가라면, 오늘날 급속한 고령화시대를 맞이하여, 그 대책이 국가유공자들의 보훈복지 속에 고스란히 담겨져 있어야 할 것이다. 고령시대의 다양한 제도와 정책, 시행착오의 기록, 복지의 품질 등이 보훈복지 속에서 배울 수 있어야 한다. 그러나 지금은 정반대다. 만약 지금 상태로 나간다면, 2010년이 되면 보건복지부가 중심이 된 노인요양시설에 국가유공자를 보내야 할 상황이 오게 되어 있다.

비전 부재, 관료주의, 군대식 조직문화

머리글에서 지적했다시피 이 책은 균형을 중심에 둔 글이 아니다. 현재의 부족한 면을 지적하여 더 나아져야 한다는 비판적 성찰에 주안점을 둔 책이다. 그렇다고 해도, 공기업을 분석할 때 단골처럼 등장하는 비전 부재, 관료주의, 무사안일주의, 철밥그릇 등의 용어들을 불가피하게 써야할 때 갈등을 느낀다.

어려운 환경 속에서 열성으로 주어진 직분에 최선을 다하는 사람이 조직 구석구석에 있다. 이런 분들이 조직 내에서 우대받는 풍토가 반드시 되어야 한다고 생각한다. 그러면서도 동시에 조직의 구조와 문화를 개선하기 위해서는 앞에서 나온 상투적인 단어를 쓸 수밖에 없는 정황을 이해해 주기 바란다.

'국민의 정부' 들어와 외환위기를 겪으면서 공기업에 대한 경영혁신 움직임을 본격화하기 시작했다. 그 와중에 KOTRA의 오영교 사장같은 분은 탁월한 리더십을 발휘하여, 문자 그대로 꼴등을 일등으로 변모시키는 업적을 만들었고, 그 능력을 인정받아 지금 행자부 장관이 되어 공무원조직 혁신의 기관장 역할을 하는 것은 우리 모두가 알고 있다. '참여정부' 들어와 정부조직과 공기업의 경영혁신은 본 궤도에 오르기 시작했다. 엄격한 평가와 공정한 인사가 화두로 등장하면서 상호 비교 경쟁하는 풍토가 본격적으로 조성되었다.

경영혁신 전문가가 말하듯이 기업에서 혁신은 CEO의 역량이 90% 이상 차지한다고 한다. 공기업에서 그 중요성이 더욱 크다. 일반 사기업은 매출과 순익이라는 객관적 지표가 존재하기 때문에 혁신을 강제하는 조건이 존재한다. 그러나 공기업은 매출과 순익에 대한 강제가 약하고, 본질적으로 보수적 조직이기 때문에 최고경영자의 혁신의지가 강하지 않으면 움직이지 않는 것이 생리다. 그런

면에서 최고경영자의 혁신 리더십에서부터 공기업의 혁신은 시작한
다고 볼 수 있다.

공단 역시 다른 공기업과 비슷한 문제를 안고 있다. 업무 영역의
독점성, 국가예산으로 비용을 조달하는 점, 다른 기업과 생존경쟁
을 할 필요가 없는 점 등으로 말미암아, 최소한 상부기관의 지적을
당하지 않는 한 생존을 위해 몸부림칠 필요가 없는 조직이라는 말
이다. 따라서 공기업이 당연히 가질 수 있는 보수성, 소극성, 관료
주의는 우리 공단에도 존재한다.

그런데, 이런 공통점에 더하여 우리 공단을 더욱 보수적으로, 더
욱 소극적으로 만든 독특한 요인이 존재한다. 그것은 주 대상자들
이 거의 군인 출신들이고, 공단 내부에도 군 출신들이 많고, 역대
최고경영자들도 군 출신들이 많았기 때문에 생긴 군대 아닌 군대식
조직문화를 지적할 수 있다.

1981년 출범할 때부터 군 출신들이나 보훈처(당시 원호청) 직원
들로 시작했기 때문에 군대식 풍토가 압도적이었다. 오랜 군사정부
시절과 군 출신 최고경영자를 거치면서 조직 내부에 군대식 문화는
깊숙이 뿌리내렸다. 엄격한 상명하복과 명령시달형, 토론부재의 문
화가 조직문화가 되었다. 자연히 관료주의적 분위기가 강해지고,
유연성을 상실한 조직이 되었다.

물론 보훈공단은 벤처기업처럼 창의성이 제일 중요한 요소로 작
용하는 회사는 아니다. 국가보훈에 대한 가치관을 체득하고 성실하

고 꾸준하게 직장생활을 할 수 있는 소양이 더 중시되는 조직이다.

그러나 군대식 문화와 관료주의가 만나면 썩은 물은 아니더라도 고인 물이 되기 십상이다. 세상변화에 둔감하고, 정책적 창의성은 사라지고, 행정조직 우위형 문화와 사업풍토가 지배하게 된다. 많은 공기업이 외환위기를 거치면서 혁신과 변화의 와중에 휩쓸렸지만, 보훈공단은 별로 영향을 받지 않았다. 외환위기라고 해서 유공자 서비스를 중단할 것도 아니고, 독점적인 사업의 칸막이가 없어질 것도 아니었기 때문이다.

그럼에도 본격적인 혁신에는 미치지 못한다 하더라도 고객만족경영을 위한 내부의 움직임은 1999년부터 시작되었다. 특히 최근 복권기금을 통해 대대적 투자가 진행되면서 고객만족경영은 현장에서 상당한 정도로 평가받기에 이르렀다. 유공자들에게 예전보다 많이 나아졌다는 긍정적 평가를 받는 한편 전문가집단으로부터는 아직 부족한 점이 여전히 많다는 평가를 받는 것이 오늘의 공단 현실이다.

그러다가 2004년 말부터 정부 차원의 강력한 '혁신과 변화' 드라이브가 공단에도 영향을 미치기 시작했다. 감독기관인 보훈처에서 혁신사례와 추진계획을 요구하기 시작했고, 2005년 봄에 들어와 역사상 처음으로 외부기관과의 비교를 강제받기에 이르렀다. 기획예산처가 주관하고 능률협회가 시행한 고객만족도 조사에서 시설관리 부문 10개사 중 상위 20%에 들었고, 보건복지부가 시행한 전국

500병상 종합병원 조사에서 서울병원(41위), 광주병원(69위)이 들어간 것이다.

이때까지 보훈병원은 남과 비교되어 본 적이 없었기 때문에 외부 환경을 의식할 필요가 없었다. 오로지 예산투쟁만 하면 한해 농사 다하는 조직이었다. 이제 외부 동종기업(병원)과 객관적으로 비교되는 상황에 놓이게 된 것이다.

이 계기를 보훈복지와 보훈병원이 획기적으로 발전하는 계기로 삼을 것이냐, 아니면 자신의 한계를 사회적으로 노출시켜 확인받는 과정이 될 것이냐는 일차적으로 공단 임직원의 각오와 결의에 달려 있다. 얼마나 창의적으로 혁신을 수행하여 고객감동경영으로 상황을 돌파할 것인가는 앞으로의 과제다.

보훈복지정책의
혁신비전

제2장 안타까운 보훈행정

안타까운 보훈행정

왜 안타까운가?

공단에서는 상급기관인 보훈처의 역할에 대해 회의적인 분위기가
있다. 사소한 사항까지 일일이 감독을 받아야 한다는 지금까지의
경험에서부터 보훈복지가 크도록 지원하고 지도하는 역할보다는 하
부조직의 감독에만 열중하여, 한마디로 어려운 일 있을 때 찾아가
도움받는 조직이기보다는 옥상옥의 상전이라는 인식이 많이 유포되
어 있다.

이러한 보훈처의 역할과 관련하여, 공단에서 회자되는 비유가
2001년 공단의 신규사업으로 채택된 '플러스플러스 복권사업'이
다. 2000년 당시 조만진 전이사장이 중심이 되어 신규사업으로 복
권사업을 구상할 때, 보훈처와 함께 일을 추진하지 않았다고 한다.
복권을 포함한 신규재원사업은 1990년도부터 기획상에 존재하는
사업이었으나 경험칙상 보훈처에서 나서줄 리 없다고 보고, 직접

국회에 호소하여 의원입법으로 추진하였다 한다. 보훈처의 분위기 역시 패배주의가 뿌리깊어, 그런 신규사업이 되겠느냐며 회의적이었다 한다. 복권기금이 보훈복지에 미친 혁명적 영향을 생각할 때마다 사람들은 보훈처의 역할을 떠올리곤 한다.

공단에서 자율적으로 새로운 프로그램이나 사업을 추진할라치면 보훈처의 승인이라는 험난한 과정을 의식해야 한다. 이것 역시 긍정과 부정의 두측면을 다 갖고 있다. 감독기관으로서 산하기관의 방만한 경영을 견제하고, 올바른 방향성을 제시한다는 측면은 긍정적이라 할 것이다. 반면 산하기관의 견제에만 집중하여 책임없는 권한만 행사한다면 자율과 책임경영을 위축시키는 부정적인 측면이라 하겠다.

그런데 보훈처와 보훈공단은 다른 큰 부처와는 사정이 다르다. 다른 부처의 경우 적어도 3~4개 이상에서 많게는 십여 개의 산하기관을 거느리고 있다. 그런데 보훈처는 88골프장과 보훈공단이 유이한 산하기관이다. 업무내용상 보훈공단을 유일한 산하단체로 보아야 한다. 보훈처와 공단이 업무영역과 규모가 작다보니, 다른 부처 같으면 하나의 조직에서 할 수 있는 일을 보훈처와 공단이 나누어 맡고 있다고 볼 수 있다. 그러다 보니 업무의 효율성이나 추진력의 관점에서 보면 중복되거나 비효율적인 편제로 보이는 측면이 있다.

서로간에 같은 일을 역할분담한다는 팀워크를 느껴야 하지만 현실의 이면에는 서로의 역할에 대한 불만이 적지 않다. 가령 보훈처 퇴직간부들이 관행적으로 공단의 간부진으로 일정 비율 내려온다. 막상 공단에서 근무를 시작하면 처음 느끼는 것이 처의 후배들이 선배 대접을 전혀 해주지 않고, 공단을 아랫사람 대하듯이 하는 관습에 충격을 받는다는 것이다. 그리고 자신도 현직에 있을 때 공단에 대해서 왜 그렇게 애정없이 대했을까 하고 느낀다는 것이다.

공단 입장에서만 보면 보훈처가 옥상옥의 조직으로, 주는 것 없이 잔소리만 늘어놓는 시어머니로 보일 수도 있지만, 입장을 바꿔 생각해 보면 보훈처도 나름의 고충이 많다고 이해가 되는 대목이 있다.

보훈처는 2004년 3월 차관급 부서에서 장관급으로 격상되었다. 보훈업무에 대한 정부의 관심도를 표하기 위해 장관급으로 올렸지만, 업무의 내용과 규모는 큰 부처의 한 국에 불과하다는 평도 있다. 1년 총 예산이 2조 2천억 원 정도다. 그중에서도 연금 등 경직성 경비가 85% 정도 차지하고 있다.

한국보훈제도는 헌법에서 기술하고 있는 민족독립운동 → 참전유공자 → 민주화운동의 순서로 발전한 것이 아니고, 참전유공자 → 독립유공자 → 민주화유공자 순으로 확대되어 왔다. 이것은 우리 헌정사의 굴곡을 드러내고 있다. 군사정부 시절 친일파들이 권력의 중추에 포진하고 독립유공자들이 홀대받은 것은 우리 모두가 익히 아는 바이고, 오늘을 사는 후손들이 반드시 갚아야 할 업보다.

정권의 정통성에 결함이 있고, 민족주체의식이 빈약했던 군사정부 시절 국가유공자는 존경과 보답의 대상이라기보다는 정권유지를 위한 행동대로 관리되었다. 그러다 보니 사회적 존경심을 통해 유공자를 예우하고, 선진국을 지향하는 정책개발이나 복지모형에 따른 보훈복지보다는 이런 저런 이권을 통한 관리방식을 채택해 왔다.

정부의 철학과 노선으로 뒷받침되지 않았던 보훈업무가 정부부처 내의 영역다툼과 파워게임에서 밀리는 것은 오히려 당연한 결과였을 것이다. 국무회의의 정식 멤버도 아니고, 기획예산처에 가면 항상 타쓰는 소리를 해야 되는 약자의 입장이 되는 보훈처는 가능하면 사업축소형, 모험회피형, 피해의식의 영향을 받을 수밖에 없었고, 이것이 보훈공단의 업무에도 영향을 미쳤다고 한다.

2005년 2월 임시국회가 열려 보훈처 업무보고가 있던 날을 잊을 수 없다. 질의에 참가한 정무위원회 소속 다수 의원들이 보훈처의 무사안일, 보신주의, 소극적 업무태도를 매섭게 질타했다.

심지어 국회에서 밥상을 차려주어도 떠먹지 못한다고 비판을 받았다. 독립기념관의 이관을 둘러싼 지적이었다. 대통령과 국회 정무위원회에서 독립기념관의 보훈처 이관을 긍정적으로 처리하고 있었다.

그런데, 이관의 법률적 관할권이 있는 문화광광위원회에서 설명회가 있은 후 상당수 의원들에게서 이렇게 준비성이 없고, 업무가 느슨한 보훈처에 독립기념관을 맡기는 것에 회의를 느낀다는 반응이 나왔다. 정무위 의원들이 그 반응을 접하고 보훈처의 업무태도를 질타한 것이었다.

그 자리에 참석한 필자가 보기에도 우려스러웠다. 그러나 현상만 탓하는 것은 본질을 놓치기 쉽다. 국회의원이 보훈처의 한 개인 한 부서를 탓하는 것만으로는 문제 해결이 되지 않는다. 오랜 세월, 보훈처의 정부내 위상, 패배주의가 조직문화화된 배경을 이해할 때 질타 이상의 해결책을 찾을 수 있을 것이다.

보훈처 역시 참여정부의 국정지표가 보훈업무의 획기적 향상을 기할 수 있는 호기라는 점을 인식하고 능동적으로 업무를 발전시켜야 할 때로 보인다. 그래야 우리 공단도 발전한다. 최근 이러한 긍정적 조짐이 보이고 있다. 한마디로 함께 새롭게 출발해야 할 것으로 보인다. 그런 점에서 21세기 들어서면서 우리 사회에 거세게 불고 있는 과거사에 대한 조명과 민족 주체의식은 보훈기틀 확립의 소중한 기반이다. 보훈은 과거에 대한 현재의 보답이고 미래의 준비다. 우리가 현대사를 바로 정리할 때 보훈철학도 제대로 정립될 것이고, 민족주체의식이 고양될수록 보훈복지의 추진력도 강력해질 것이다.

한 몸의 두 형제

사실 산하단체에 근무하면서 감독관청에 대해 이러쿵저러쿵하는 것이 부적절할 수 있다. 다소 예의에 벗어난 것을 알면서도 이야기 할 수밖에 없는 사유는 보훈처와 공단의 관계가 일반적인 감독관청과 산하기관의 관계와는 다르기 때문이다. 앞서 말한 바대로 보훈처와 공단은 보훈정책과 보훈복지사업으로 역할분담을 하고 있다. 그러면서도 보훈처가 감독관청이기 때문에 공단의 모든 사업과 일상활동은 보훈처의 지휘감독을 받고 있다. 건교부나 산자부와 달리 보훈이란 단일 정책영역을 다루기 때문에 사실 한 조직체로 움직이는 것이 효율성만 생각하면 더 적합하다. 그러나 보훈단체의 강력한 요구와 업무의 특성을 고려하여 정책부서와 사업시행부서로 나누어져 있는 것이다.

공식적으로는 예결산에 관한 사항과 정관개정에 관한 사항은 승인을 득하게 되어 있지만, 실제에 있어서는 거의 모든 업무를 사전에 협의, 승인을 받고 있다. 또한 조직운영 측면에서도 부서의 운영과 통폐합은 물론이고, 이사를 비롯한 고위직의 임면도 사전협의를 거친다.

이러다보니 요즘 공기업 혁신과제 중의 하나인 공단의 자율경영과 책임경영은 내용적으로 관철될 수 없다. 이사에 대한 인사권이나 업무조정권이 없는 이사장이 소신있게 리더십을 발휘하기가 어렵고, 결과에 대한 최종적 책임을 질 수도 없다.

산하단체와 감독관청의 지휘감독과 자율경영의 범위와 구분에 대해서는 범정부 차원의 교통정리가 필요하다. 최근 들어 기획예산처

차원에서 통일된 원칙을 산하단체관리지침에 담아 자율, 책임경영을 강화하고 있다. 현장에서 보더라도 큰 결정은 사전 협의하더라도 웬만한 사항은 자율권을 부여하고, 최종적으로 감사를 통해 감독할 수 있는 구조를 갖는 것이 바람직하다.

그런데 감독관청의 입장에서는 2가지 이유로 기득권을 놓치지 않으려 한다. 첫째는 업무에 대한 감독권에 대한 미련이고, 둘째는 자체 인력조정의 수단으로 산하단체에 사람을 내려 보내는 관행 때문이다. 이 관행을 합리적으로 조정해야 한다. 최근 대통령이 지시한 대로 속칭 "낙하산 인사라 하더라도 능력을 보이면 문제가 없다.", "공무원이 민간 영입보다 더 훌륭한 성적을 내면 되는 것 아니냐."

따라서 공무원 출신이건 민간전문가 영입이건 엄격한 심사와 경영능력을 객관적으로 평가하여 책임을 묻는 제도가 만들어 지는 것이 더 중요하다 하지 않을 수 없다.

정책, 기획기능의 부재

말이 나온 김에 쓴소리를 좀 더 해야 할 것 같다. 보훈복지사업을 시행하는 공단에서 정책기획기능이 부재함은 앞에서 언급하였지만, 정책을 전담하는 보훈처에서 보훈복지에 관한 연구기능이 척박함은 특기할 사항이 아닐 수 없다.

　참여정부 들어와 과거사 청산, 그리고 좌파 독립운동을 포함한 새로운 조명이 시작되면서 보훈처의 소극적인 행정이 논란이 되곤 했다. 물론 좌파 독립운동가의 서훈 여부는 정치적으로 민감한 부분이 있다고 쳐도 보훈복지에 대한 보훈처의 연구실적이 축적되어 있지 않다는 것은 좀 황당하지 않을 수 없다.

　보훈처는 2002년 조직개편을 통해 보훈연구관실을 폐쇄하였다. 그리고 1997년에는 연수원을 공단에 이관하면서 연구는 보훈처, 교육은 공단에 위탁하였다. 그런데, 보훈복지에 대한 모형개발, 선진국 사례 수집 등을 하는 과정에서 보훈처의 연구자료가 극히 미흡하다는 사실을 발견하게 되었다.

　현재 보훈처와 공단을 통틀어 연구 지원인력이라면, 2005년 1월에 형식적으로는 공단 산하이고 내용적으로는 보훈처의 직접적 지휘를 받는 보훈교육연구원에 박사급 연구인력 4명을 임명한 것이 유일하다.

　보훈처 본부에는 정책개발기능부서가 전무하다. 모두가 행정관리기능에 치중하고 있다. 보훈처 자료를 뒤져보면 업무자료는 있어도 연구자료는 없다. 외국 보훈제도에 대한 설명서는 있어도(물론 이 정도는 인터넷 홈페이지를 뒤져보면 다 얻을 수 있다), 실제 복지의 내용을 둘러싼 구체적 자료도 별로 없고, 연구결과는 더더욱 없다.

　이제 막 시작한 보훈교육연구원의 연구인력도 불과 4명의 역사학자, 경영학자, 행정학자(2명) 등으로 구성되어 분야별로 본격적인 연구를 하기에는 벅차다. 이러다 보니 보훈처가 주관하는 보훈 세미나의 내용도 추상적인 거대담론이거나 지엽말단적인 미시적 내용으로 채워지고, 보훈복지의 방향성과 전략을 제시하는 연구결과는 찾기 어렵다.

대통령에게 보고되는 장단기 업무계획도 겸손을 바탕으로 짜져 있다. 늘어나는 복지수요에 대한 근본적인 대책이나, 폭발적으로 늘어나는 고령질병을 어떻게 감당할지, 초고령집단의 노후복지에 대한 본질적 대책없이 평이한 문구만 나열되어 있다. 결국 돈 달라는 애기로 들릴까봐 미리 겸손한 것이 아닌가 싶다. 그러나 노인복지를 소비적 관점에서만 보는 것이 아니라 국부창출의 새로운 비즈니스 영역으로 보는 것이 고령친화사업의 관점 아닌가? 여기서도 관점과 사고의 혁신이 필요할 듯하다.

인터넷 서점을 클릭하면, 실버산업, 노후복지 등에 관련된 서적이 홍수를 이루고 있다. 그러나 보훈복지에 관한 쓸만한 참고서적은 찾을 수 없다. 보훈처 직원 스스로도 자괴감을 느끼는 부분이다. 분발이 요청된다.

보훈처는 수원에 4만평에 달하는 연수원을 갖고 있다. 이 연수원은 유서가 깊다. 수원에서 교통이 편리한 위치에 자리잡고 있어 80년대 초반만 해도 새마을 교육이라든지 정부기관의 연수기관으로 활용되던 곳이다. 그러나 지금은 1960년대식 낡은 연수원 건물에서 제대군인지원교육과 보훈선양교육을 주로 실시하고 있다.

다른 대기업들이 운영하는 연수원과 비교할 때 시골역 만큼이나 고색창연하다. 그나마 늦었지만, 2005년 들어와 비로소 150여억 원을 들여 4층짜리 현대식 건물을 짓고 있다. 반가운 일이긴 하나 보훈세계의 바늘은 평균 10년 정도는 늦게 돈다고 해도 과언이 아닐 것이다. 분초를 다투는 글로벌 경쟁의 시대에…….

소외부서의 서러움

보훈처 직원을 만나면 그동안 정부내 역학관계를 반영하는 서러움이 금방 묻어난다.

공무원 가운데 자부심도 강하고, 실제 능력도 뛰어난 부서를 들라면 재경부를 드는 사람이 많다. 물론 그 자부심과 능력이 역기능도 심해서 '모피아'라는 세간의 비아냥을 듣기도 하지만.

보훈처는 정반대다. 특별한 전문성이 필요한 부서도 아니고, 타부서와 업무적 연관성도 적고, 고립되어 있어도 별로 불편한 것도, 그 동안 상급부서로부터 감사는 받아도 평가를 받거나 국민과 여론의 감시 하에 놓인 적도 별로 없었다.

없앨 수는 없지만, 그렇다고 정부가 화끈하게 지원하는 것도 아니다. 스스로 적극적으로 정책을 개발해서 정부내 입지를 확보하는 것도 아니고, 타부처와의 협의과정에서는 항상 힘에 밀린다고 체념하는 분위기.

예산에서는 버는 것 없이 항상 타 써야 하고, 독립기념관이나 국립현충원같은 기관에 관한 문제도 힘센 부서에 말 한번 제대로 못 붙이고 끙끙 앓고 있고, 유공자 단체는 항상 시어머니 역할 하고, 이러다보니 보훈처는 3중 샌드위치라고 스스로 여기고, 소극적인 태도가 지배적이다.

최근 참여정부 들어와서는 보훈처 분위기가 많이 바뀌고 있다고는 한다. 실제 보훈처장이 장관급으로 격상되고, 독립기념관과 국립현충원의 관리 이관이 국회에서 법률로 추진되고 있고, 따라서 위상도 예전에 비해 높아지고 업무도 활발하게 추진되고 있다고 한다.

이제는 보훈에 관계된 모든 사람들의 인식전환과 애정이 필요하다. 실제로 보훈처 직원들이 그 업무의 중요성만큼이나 자부심이 고양될 수 있도록 보훈세계의 관련자들이 서로서로 협력해야 한다. 특히 보훈단체들의 협력이 절대적으로 필요하다.

보훈처, 공단, 보훈단체들이 진정으로 국민들의 모범과 존경의 대상이 될 수 있도록 서로 힘을 북돋워주는 것이 필요한 시기이다.

기초자료, 통계의 부재

2004년 7월 공단은 보훈처에 무주택국가유공자를 위한 주택분양·임대사업에 참여하고 싶다는 의견을 개진했다. 1년 전부터 공

단에서 연구해온 사업이었다. 국가유공자들의 주택문제를 해결한다
는 명분 외에도, 일반인에게도 분양을 함으로써 수익사업에도 진출
해 보자는 카드였다. 마침 그 당시만 해도 군인공제회나 공무원연
금공단 등에서 주택사업에 뛰어들어 엄청난 수익을 올리고 있다는
보도가 잇따를 때였다.

　보훈처의 반응은 미온적이었다. 정확히 말하면 부정적이었다. 사
업추진주체인 공단의 능력에 대한 소극적 평가이기도 하고, 사업내
용 자체가 국가유공자에게 얼마나 도움이 될 것인가에 대한 회의가
있었던 것으로 보인다.

　보훈처를 설득하기 위한 근거를 보강하기 위해 실무자에게 국가
유공자들의 주거실태 상황을 통계로 뒷받침해 달라고 당부했다. 나
중에 실무자가 들고온 통계를 보고 눈을 의심할 수밖에 없었다. 무
려 84%가 자가소유라고 되어 있었다. "아니 유공자의 주택 소유율
이 84%라면 무주택유공자 주택사업이 불필요하지 않습니까? 도대
체 이 통계는 어디서 나온 것 입니까?"라고 물었더니 '보훈처의
공식자료'라고 했다. 도저히 믿을 수가 없었다. 지금 우리나라의
주택공급률이 100%를 조금 상회한다고 한다. 그렇지만 자가소유율
은 절반에 약간 못미치는 49.7%라는 것이 건교부의 공식 통계이
다. 서울시의 통계를 보아도 절반에 못 미친다. 그런데, 상식적으
로 유공자의 생활수준이 일반 국민보다 월등히 좋을 수는 없는 것
이 아닌가?

의문이 풀렸다. 보훈처에서 나온 수치는 친척이나 자손들의 집에 얹혀 살아도 다 자가로 계산했다는 것이다. 그래서 다음 의문을 물어보았다. 보훈처의 통계가 어느 정도 신뢰성을 갖고 있나? 답은 몇 백 명을 샘플 조사했다는 것이다. 유공자의 노령화, 생활실태를 고려해 볼 때 표본집단을 통한 일반화는 오류의 가능성이 크지 않을까 우려되었다.

그리고 진짜 궁금한 문제를 물어보았다. 유공자가 가족까지 합쳐도 70여만(장기제대군인 가족까지 포함하면 215만)명인데, 요즘 정도의 컴퓨터 시스템이라면 전체 데이터베이스를 가지고 자료통계가 나와야 정상이 아닌가? 그런데 놀랍게도 보훈처에서 유공자들의 생활통계에 관한 한 데이터베이스가 없다는 대답이 돌아왔다. 이해하기 어려웠다. 전국 5개 보훈청 및 20개 지청에 직원이 1,200여명이나 되는데, 이 정도 기본 통계자료조차 가지고 있지 않다면 그 동안 뭐하고 있었던가라는 의문이 떠올랐다.

보훈처에는 매년 연금을 지급하는 자료, 보훈처 소식지('나라사랑'이라는 제호로 최근에 바꿈)에서 유공자 주소를 확보하고 있는데, 적어도 유공자 개인별, 또는 보훈행정 대상자별 데이터베이스가 있어야 정상이 아닐까?

보훈병원에도 엄청난 자료가 축적되어 있다. 2004년의 경우 연 1천여 만 명의 환자를 진료했다. 국가유공자 개인의 기록 또한 정확하게 작성되어있다. 이런 자료들을 통합적으로 관리하면 유공자 정책에 필요한 기초통계는 금방 확보될 수 있지 않을까?

정책부서에서 담당하고 있는 행정대상자에 대한 기초자료조차 확보하고 있지 아니한 미스테리는 나중에 퇴직 공무원한테서 풀렸다. 1988년까지는 속된 말로 유공자 부엌에 숟가락이 몇 개 젓가락이 몇 개 있는 지 파악할 정도로 전수조사가 되었다고 한다. 그이후 예산삭감으로 말미암아 전수조사는 불가능해지고, 필요하면 몇 백명 정도 표본조사를 통해 그때그때 필요한 통계자료를 뽑았다고 한다.

1988년 이후라면 지금까지 17년 동안 국가유공자집단이 노동력을 상실하고, 노령층에 본격적으로 편입되던 시기다. 이 시기야말로 새로운 정책모델을 개발하고, 인구학적 변화를 예민하게 반영해야 할 시기인데도 대충 넘어간 것이다.

또 하나의 예를 들어보자. 2005년 4월 보훈처는 노후복지종합계획을 수립하기 위한 계획서를 작성했다. 65세 이상 노인의 14.8%가 요양대상자이며, 2%가 요양시설 보호대상자라는 보건복지부의 수치를 기준으로 유공자의 복지수요를 계산하고, 이에 근거해 각종 노후 복지제도를 제안하고 있다. 그런데, 상식적으로 생각해보자. 보건복지부에서 제시한 14.8%나 2%는 일반 국민을 모집단으로 보고 추출해낸 수치다. 당연히 유공자집단에게는 적합성이 없다. 유공자는 기본적으로 상해를 당한 사람들의 집단이기 때문에 건강한 사람이 포함된 보건복지부의 수치와는 전혀 다를 수밖에 없기 때문이다.

이와같은 사실은 같은 기획서 맨 뒤쪽에 첨부된 자료에 의해서 쉽게 확인이 된다. 보훈처는 2005년 2월 60세 이상 저소득 국가유공자와 유족을 대상으로 노후복지 수요에 관해 우편조사를 실시했다. 7,510명중 3,555명(47.3%)이 답을 보내왔다. 이 조사는 보훈처에서 실시한 노후복지에 관한 유일한 통계다.

이 자료에 의하면 건강상태가 매우 나쁜 사람이 25%, 나쁜 편이 54%이며, 보통 이상 건강하다는 사람은 불과 21%였다. 앓고 있는 질병의 경우 중풍이 17%, 치매가 4%, 당뇨 등 만성질환이 79%에 이르렀다.

중풍, 치매에 걸린 비율이 건강이 나쁘다고 답변한 사람(80%)의 21%에 이르러 전체 유공자의 16%를 차지한다. 즉 요양시설 보호대상자가 일반국민 통계치 2%보다 8배나 더 많다는 단순결론에 이른다. 같은 조사에서 비용의 일부를 부담하고서라도 장기요양보호시설에 가고 싶다는 사람이 38%, 봐서 결정하겠다는 사람이 무려 50%에 이른다.

행정통계에 관한 일본의 한 도시 사례를 참고로 보자. 2004년 7월 보건복지부에서 일본의 개호(케어)보험제도를 살펴보기 위해 시찰단을 보냈다. 도꼬로자와시를 방문했을 때 그 시의 통계자료를 보면, 시의 총인구 336,150명 중 65세이상 노인인구는 49,104명(14.6%). 노인중 원호가 필요한 노인은 18,929명(38.5%)인데, 항목별로 보면 노인세대 고령자 수 12,504명, 독거노인 4,471명, 와상노인 882명(시설입소자 230명), 낮에 혼자 있는 허약한 노인 721 명, 보행가능 치매노인 351명(시설입소자 44명)이라고 한다. (보건 복지부, '노인요양보장과 일본개호보험제도 출장보고서' 21쪽, 2004. 7) 마지막 끝자리 수까지 밝히고 있는 것이 인상적이다.

정책모형, 복지모델의 부재

기초자료가 없다보니 정책모형이나 복지모델이 없는 행정이 될 수밖에 없다. 2049년이 되면 국민연금이 고갈될 것이라는 소문이 퍼져 국민연금관리공단이 홍역을 치르고 있다. 또 건강보험의 경우 도 보험의 질 향상과 보험료 부담을 둘러싸고 줄다리기가 벌어진 다. 당사자들은 원활한 사업의 추진을 위해 진땀을 빼겠지만, 보훈 행정의 입장에서 보면 그것조차 행복해 보인다. 보훈복지에는 아예 시뮬레이션을 할 모형 자체가 없기 때문이다.

필자가 공단에 부임한 이래 가장 의문을 가진 부분이 여기였다. 국가유공자는 영예로운 삶을 영위하도록 국가가 책무를 진 분들이 다. 단순한 최저생활보장 이상의 질을 국가가 담보해야 한다. 그렇 다면, 유공자의 연령별 분포를 바탕으로 영예로운 삶의 기준을 설 정하고, 이에 따라 미래의 복지수요를 예측한 다음, 필요한 재원의 규모와 조달방법을 마련하는 것이 보훈복지행정의 출발점이 되어야 하는 것 아닌가?

유공자에게 현실적으로 가장 도움이 되는 것은 연금과 의료지원이다. 연금조차 오랫동안 정체상태에 있다가 5·18 민주유공자에게 보상금이 일시금으로 지급되어 기존 유공자들과 형평성의 문제가 제기되자 그나마 상당히 현실화되었다고 한다. 형평성에 대한 기존 유공자들의 불만은 아직도 높은 편이다. 의료지원의 경우는 앞에서 자세히 언급한 대로 그 동안 비교적 많은 투자가 이루어지고 만족도도 높은 편이다. 그러나 그 다음부터가 문제다. 유공자 전체 생활실태를 정확히 측정하고, 현실적 복지수요를 도출한 다음, 재원 마련을 통해 사회를 선도하는 보훈복지행정을 펼쳐야 한다. 이때까지 워낙 좌절의 경험이 많아 체념의 경지에 도달한 저간의 사정은 충분히 이해하지만, 이제 변화와 혁신의 시대를 맞이하여 한번 야심찬 도전에 함께 힘을 모아 나서볼 때가 아닌가 한다.

보훈복지정책의 혁신비전

제3장 공단의 혁신과제

- 최근의 성과
- 구체적 비전을 세워야
- 지도부의 리더십
- 역시 혁신은 인사에서부터
- 신나는 문화, 사이버 공동체를 살려야

공단의 혁신과제

최근의 성과

보훈공단에 부임하던 초기, 외부 사람을 만나 인사할라치면 뜬금 없이 "그곳이 물이 좋다면서요?"라든가 내용을 좀 아는 사람들에게는 "양주 좀 부탁한다"든지 하는 말을 듣곤 했다.

1981년 공단 창설 이후 공단은 만성적인 적자에 허덕이면서 어려운 경영에 내몰렸다고 한다. 은행에는 항상 수백억 원의 부채가 쌓여 있었고, 병원에 새로운 장비 하나 들여놓으려면 전투 아닌 전투를 치러야 했다고 간부들은 어려웠던 시절을 회상한다.

이렇게 어려운 공단 상황에도 불구하고 외부에 이권의 복마전같은 인상을 준 것은 나름대로 이유가 있었을 것이다. 유공자단체는 법률에 의하여 수의계약권을 가지고 있고, 한국전력, 담배인삼공사, 국방부 등 국가기관 내지는 공기업을 상대로 다양한 수익사업을 전개하는데, 유공자들이 모여 조합(10개)을 형성하여 수익사업을 하기도 하고, 또 업무내용은 우리 공단과는 무관하지만, 계약의 형식상 우리 공단 이름을 빌리는 경우도 대단히 많다고 한다. 이 경우 공단의 정식직원이 아닌데도 우리 공단의 명함을 파서 영업활동을 하는 사람들이 많이 있다고 한다.

이러다 보니 보훈공단이 사회 각 분야의 수익사업이나 이권에 개입하는 업무를 하는 곳으로 인식되었을 가능성이 크다.

공단 경영에 있어서 전기가 된 것은 1998년 국민의 정부가 들어서면서부터 였다고 한다. 이전과 달리 국민의 정부에서 임명된 2명의 기관장은 공단의 발전을 위한 적극적 경영행보를 보였다. 공단의 역사를 잘 알고 있는 간부들에 의하면 그 차이를 이렇게 설명한다.

"1998년 이전에는 대체로 공직을 마무리하는 단계로 공단의 최고경영자로 내려온 분이 많았다. 그러나 1998년 이후에는 공직의 출발점으로 오는 분들이 많았다. 즉 최초의 수평적 정권교체가 이루어지자 평생 민주화투쟁을 했던 정치인출신들이 기관장으로 임명되었다. 이전의 분들이 현상을 관리하는 데 치중하는 관리형 리더십이었다면, 새로 오신 분들은 경영성과를 내어서 이를 바탕으로 공직 커리어를 발전시키고 싶어하는 개척형 리더십이었다."

1998년 이후 광주에 4만평 부지의 새로운 병원을 신축하는 것을 필두로 보훈병원은 비약적인 발전의 계기를 맞이한다. 1997년 당시 1,700병상이었던 것이 2005년 현재 2,500여 병상으로 발전했고, 2009년에는 서울에 600병상의 최신식 급성기 병동을 건설하여 총

3,100병상으로 발전할 예정이다.

이 과정을 가능케 한 것이 국민의 정부 이후 예전과는 다른 정부의 지원책이었고, 그 하이라이트가 플러스플러스 복권사업 시행이었다. 복권사업을 불과 2년 동안 공단이 직영한 다음 2004년 3월부터는 총리실 복권위원회로 이관하여, 지금은 단지 위탁판매업에 불과하고, 로또 수익금 배분에 참여하는 방식이 되었다.

정보통신영역의 발전과 정부의 공기업 경영혁신은 공단에도 꾸준히 영향을 미쳤다. 예전에 이권의 복마전같은 인상을 주었던 공단의 업무도 대단히 투명해지기 시작했다. 대표적인 것을 몇 가지 뽑아보면 다음과 같다.

첫째, 의약품은 2000년, 의료장비는 2003년부터 본격적으로 조달청 구매로 전환하였다. 예전에 보훈병원 납품을 둘러싸고 많은 의혹이 있곤 했다고 한다. 그러나 지금은 일부 불가피한 품목을 제외하고는 완전자유경쟁과 최저낙찰가 제도를 적용하여 투명성 100%를 지향하고 있다.

둘째, 2004년 초 관세청 압수물품 위탁판매가 인터넷 입찰로 전환하였다. 예전에는 우리 공단만 상대하는 전문꾼들이 있었다고 한다. 그리고 예전의 수작업 시스템 하에서는 압수된 밀수품의 재고관리, 입찰가격산정, 입찰자 선정 등 전 과정에서 비리가 개입될 소지가 있었으나, 관세청의 재고목록과 가격산정이 동시에 우리 공단의 홈페이지에 연동되면서 인터넷 입찰이 실시되고 비리의 개연성은 확연히 줄어들었다. 여기에는 재미있는 에피소드가 있다. 원래 이 인터넷 입찰은 우리 공단이 자발적으로 한 것이 아니라 관세청의 강력한 주문으로 개발한 프로그램이었다. 그런데, 그 뒤 관세청이 감사원의 감사를 받던 중에 지적을 받게 되었다. 그래서 우리 공단에 와서 전자입찰 시스템을 배우고 간 일화가 있다.

셋째, 인사채용제도의 혁신이 이루어졌다. 보훈병원은 다른 공기업과 마찬가지로 정년이 보장되고, 근무여건이 민간병원과 비교해 볼 때 좋은 직장에 속한다. 그러다 보니 간호사 등 직원 채용 시마다 금품수수, 부정채용 등 뒷소문이 잘 날이 없었다. 그런데도 취직청탁이 권력기관, 정치권, 단체 등 이른바 무시할 수 없는 데서 오는 바람에 근절할 수가 없어 고질적인 비리의 온상으로 치부되었다. 2004년 11월 주 5일근무제 시행에 따라 200명에 가까운 신규 간호사 채용이 있었다. 그때까지만 해도 병원별로 서로 다른 절차와 기준으로 뽑았다. 예를 들면 나이제한, 모집공고 여부, 추천의뢰 여부, 서류심사조건, 필기시험 유무, 면접위원의 선정과 기준 등이 제각각이었다. 일체의 청탁을 받지 않기로 임원진부터 각오를 다지고, 제도를 개선하였다. 1차 서류심사는 학교성적 30% 이내, 2차 필기시험은 외부기관에 용역을 주어서 최종 선발자의 200%만 통과시키고, 3차 면접은 최대한 자의적 판단이 불가능하도록 기준을 정하고, 거기에 더하여 최종합격자는 필기시험과 면접시험의 합산으로 결정하였다. 결과는 대성공이었다. 단 한건의 잡음도 없이 성공적으로 채용과정이 이루어졌다. 직원들도 비로소 공단의 개혁 의지를 실감하기 시작했다. 원래 혁신이란 불가능하다고 체념하는 것을 바꿀 때 추진력을 얻게 되는 것이 아니던가?

넷째, 2005년 5월 6일 부산병원 요양병동 및 재활체육관 신·증축 기념식이 열렸다. 그런데 공단과 단체의 관심사는 딴데 쏠렸다. 부대시설인 장례식장의 운영문제였다. 전통적으로 보훈병원의 장례식장 운영은 골칫덩어리였다. 감사원의 단골 지적사항이었다. 장례식장은 특정 유공자단체나 용사촌에 운영권을 임대하는 형식으로 이루어져 왔다. 그런데 이것이 공단의 규정을 위반하여 수의계약으로 주는가 하면, 계약기간도 5년에 달하는 것이 있는 등 일반적인 공기업 계약의 관행을 벗어났다. 일부 유공자단체의 실력행사에 눌린 탓이었다. 실무자들이 신변의 위협을 느낄 정도로 공포분위기였다고 한다.

2004년 12월 감사원의 지적을 계기로 공단은 병원 장례식장의 직영전환 원칙을 세우고 그 첫 시험대로 새로 오픈하는 부산병원 장례식장을 선택했다. 참으로 우여곡절 끝에 부산지역 보훈단체들이 공단의 직영원칙에 동의하였고, 5월 6일 행사장은 다행스럽게도 불상사없이 잘 마무리되었다. 공단과 병원 간부들은 서로 축하하기 바빴다. 이것이야말로 정말 개혁이라고…… . 외부인들은 이해하기 어려울지도 모른다. 그간 이권을 둘러싼 갈등으로 인하여 일부 유공자나 단체 등이 실력행사를 하는 불상사가 워낙 만성화되어 있었다고 한다. 이외에도 많은 개선이 이루어졌지만 일일이 열거하기 어려워 이 정도로 마무리하겠다.

구체적 비전을 세워야

앞 절에서 거론한 많은 개선과 발전에도 불구하고 공단은 혁신을 앞장서 선도한다고 말하기는 어렵다. 혁신은 제도의 부분적인 개선보다는 조직 전체가 동의하는 비전을 세우고, 전조직의 활성화를 통해 이 비전을 실천하는 과정이 핵심이다. 이 점에서 공단은 혁신을 본격적으로 고민하는 초입의 단계에 서있다.

모든 조직이 혁신에 들어가면 일정한 단계와 패턴을 밟는다고 한다. 우선 내부의 위기감이 고조되어야 하고, 이대로는 안되겠다는 의식이 내부에서 공감대를 얻어야 한다고 한다.

앞에서 말한대로 공단은 워낙 특수한 영역을 독점적으로 수행하는 기관이기 때문에 다른 기관을 의식할 필요도 없고, 비교되어 본 적도 없었다. 따라서 직원들의 사고나 의식도 공단 외에는 알려고 하지도 않고, 알 필요도 없었다.

그런데, 이러다 보니까 시대적인 흐름에서 점점 낙오되기 시작해서, 이제는 고유영역에서조차 타부서의 뒤를 좇는 신세가 되었다. 필자는 교육시간에 이런 비유를 든다. ①지금 공단의 업무는 85% 이상이 병원이다. 본부나 수익부서가 의미있는 복지사업비를 만들어 내지 못하고 있다. 그러면 자연스럽게 공단을 의료원으로 바꾸고 본부나 수익부서는 없애자는 이야기가 나올 수도 있다. 복지는 없어진다. ②그런데, 지금 보훈병원이 유공자의 의료수요를 충족시키고 있나? 원거리에 있거나 암 등 고난도 질병은 위탁병원에 보내고 있다. 그러면 유공자들이 굳이 보훈병원에만 특정하지 말고 일반병원에 오픈시켜달라는 말을 하지 말란 법도 없다. 보훈병원이 없어질 수도 있다. ③이렇게 가면 유공자들은 행복해지나? 보훈행정이 제대로 되는 것일까? 지금처럼 보훈행정이 뒷북을 치면 고령 유공자들을 보건복지부에서 만든 요양시설에 입원시켜야 할 것이다. ④그러다보면 국가유공자도 일반 장애인이나 도시 저소득층과 같은 범주의 대우를 받게 될 것이다.

2005년 5월 3일 공기업 기관장, 국무위원, 대통령이 참석한 공기업기관장 혁신 워크샵이 열린 적이 있다. 이 자리에서 대통령은 2가지 메시지를 전했다.

첫째는 3년 계속 혁신성적이 나쁘면 해당 공기업을 퇴출시키든지, 근본적인 구조조정을 하겠다. 둘째, 공기업 기관장의 경우 혁신평가가 나쁘면 임기와 관계없이 퇴출시킬 것이며, 만약 평가가 좋으면 연임시키겠다는 방침을 밝혔다.

이때까지 공단에서 보훈병원의 장래에 대하여 의문을 가진 적은 없다. 비록 일부 유공자들이 아무 병원이나 갈 수 있게 해달라는 요구가 있기는 해도 그럴 경우 예산부담이 많아져서 보훈병원이 문닫는 일은 없을 것이라는 것이 내부의 인식이었다. 그러나 이는 안이한 인식이다.

최근 2005년 건강보험공단이 1조 5천억 원의 흑자를 낼 것으로 예상되자 이 재원을 어떻게 쓸 것인가를 놓고 사회적으로 치열한 논란이 전개되고 있다. 치료비가 많이 드는 고액중증 치료비 보조용으로 쓰자는 주장부터, 암치료비를 무상 수준으로 높이자는 제안까지 다양한 논의가 벌어지고 있다. 사실 앞으로 전국민 복지국가 단계에 들어서면, 유공자와 일반국민과의 의료지원 수준 차이는 점점 좁혀질 것으로 예측된다. 따라서 보훈병원이 뼈를 깎는 자세로 자신의 쓸모를 높여가지 않는다면 어느 순간 앉아서 코베이는 상황이 오지 말란 법이 없다.

이론상으로 보면 서유럽 사회와 같은 복지국가 되면 국가유공자든, 장애인이든, 저소득 노령자든 큰 차이가 없을 수 있다. 그러나 적어도 국가유공자라면 +알파가 있어야 되는 것 아닌가.

보훈이 무엇인가? 독립을 위해, 국가보위를 위해, 민주주의를 위해 자신을 희생한 사람에 대해 국민과 나라에서 예우하는 것 아닌가? 지금 우리 주변을 보라. 일본, 중국, 미국, 러시아, 북한 등 온 사방이 지뢰로 덮여있다. 특히 동아시아는 앞으로 미·중·일·러가 치열한 경쟁을 벌일 것으로 예상된다. 만약 앞으로 어떤 국가적 비상상황이 닥칠 때, 여러분이나 여러분의 자식을 국가를 위해 희생해 주시오라는 말을 하려면, 지금 국가유공자를 잘 모셔야 하는 것 아닌가. 현대 민족국가가 험난한 국제경쟁 속에서 안보를 유지하려면, 보훈을 통한 국민적 단결이야말로 안보의 초석이라 할 것이다. 그렇다면, +알파의 존재는 국가가 적극적으로 추진해야 될 과제가 된다.

이런 관점에서 보훈공단이 보훈복지에 관한 종합적 비전을 세우고, 전략적 방침, 즉 로드맵을 그려서 실천해 나가야 한다. 비전이란 지도자의 지시로 나오는 것보다는 구성원들의 진지한 고민이 모여진 끝에 대중적 합의를 바탕으로 나오는 것이 보다 힘이 실릴 것이다.

모든 공기업 혁신의 정점은 비전의 설정이다. 일반적으로 공기업은 '해당 분야에서 한국 최고 또는 세계 최고의 서비스를 지향하는 것'을 비전으로 설정한다. 혁신의 모범으로 불리는 KOTRA의 경우 '세계 최고의 무역 및 투자 서비스를 제공하는 전문기관'으로 비전을 설정했다. 이 비전에 따라 10개년 계획을 세워 추진 중이라 한다.

보훈공단의 경우를 대입하면, 어떤 수준의 목표를 설정할 것인지를 결정해야 한다. 구체적 목표를 특정하지 않으면, 성과도 측정할 수가 없으므로 책임질 일도 없다. 그러나 그렇게 해서는 획기적 발전의 계기를 만들 수 없다. 보훈공단은 지금까지의 겸손한 목표를 그대로 가져갈 것인가? 아니면 야심찬 목표를 제시하면서 도전해 볼 것인가?

지도부의 리더십

경영혁신 전문가가 말하듯이 기업에서 혁신은 CEO의 역량이 90% 이상 차지한다고 한다. 공기업에서 그 중요성은 더욱 크다. 일반 사기업은 매출과 순익이라는 객관적 지표가 존재하기 때문에 혁신을 강제하는 조건이 존재한다. 그러나 공기업은 매출과 순익에 대한 강제가 약하고, 본질적으로 보수적 조직이기 때문에 최고경영자의 혁신의지가 강하지 않으면 움직이지 않는 것이 그 생리다. 그런 면에서 최고경영자의 혁신 리더십에서부터 공기업의 혁신은 시작한다고 볼 수 있다.

그런 면에서 우리 공단도 다른 공기업과 마찬가지의 문제를 안고 있다. 신입사원이건 경력사원이건 요즘은 엄격한 심사과정을 거친다. 그런데, 기업의 운명을 좌우할 수 있는 최고경영자의 선임과정은 그런 엄격한 임명절차를 거치지 않는 것이 그간의 공기업 관행이었다. 선임과정도 불투명했지만, 또 하나 심각한 문제는 임기중 업적을 평가할 제도가 없는 점이었다.

이런 실정이다 보니, 다행히 훌륭한 최고경영자가 온 조직은 큰 혁신성과를 거두게 되지만, 그렇지 않은 경우는 정반대의 결과를 겪을 수밖에 없다. 최고경영자를 비롯한 임원의 막중한 권한과 책임을 감안하면 이는 참으로 심각한 문제라 하지 않을 수 없다. 민간기업에서 최고경영자나 임원은 임기보장은커녕 1년 단위로, 심하면 반기별로 피말리는 평가를 받는다.

참여정부 들어와 근본적인 제도변혁을 추진해 왔다. 밀실임명에서 벗어나, 공개적이고 투명한, 객관적 기준에 따른 선임제도를 운영하고 있다. 기획예산처에서 통일된 선임절차를 규정하고, 무자격자나 무능력자를 걸러낼 수 있는 이런저런 제도적 장치를 마련하고 있다. 동시에 단순한 경영평가에서 벗어나 혁신성과를 종합적으로 평가하는 제도도 적극 가동하고 있다. 예전의 부작용이나 문제점을 많이 보완할 수 있을 것으로 기대된다. 그렇다고 제도가 규정되어 있다고 해서 자동적으로 문제가 해결되는 것은 아니고, 현장에서 구체적으로 실천되는 여부에 성공이 달려 있다.

우리 공단 역시 역대 이사장(혹은 사장)은 관련기관의 공무원 출신(주로 군 출신)이나 정권을 창출한 정당 출신이 임명되는 경우가 많았다. 최고경영자로서의 경영 리더십을 충분히 검증하고 평가하는 제도적 장치는 없다시피 했다. 지금은 다양한 제도적 보완책으로 많이 달라졌지만, 예전의 경우를 들어보면 최고경영자 개인의 리더십 스타일에 따라 조직이 휘둘리는 일이 비일비재했다고 한다.

코트라처럼 최고경영자에 따라서 꼴등에서 일등으로 바뀌는 조직의 예를 얼마든지 들 수 있다. 보훈공단 역시 경영진의 리더십이 중요하다. 이사장은 보훈처장의 제청으로 대통령이 임명하고, 감사와 상임이사(4명)는 이사장의 제청으로 보훈처장이 임명한다. 지금까지 감사와 상임이사 2명은 보훈처에서 내려오고, 나머지 상임이사 2명은 내부 승진되는 것이 관행이었다.

공단의 현재 상태를 볼 때, 임원과 기관장이 갖추어야 할 리더십의 조건은 무엇일까? 우선, 기본적으로 참여정부의 국정철학과 지표를 정확히 이해하고 이를 보훈복지업무에 실천할 능력이 요구될 것이다. 둘째, 혁신 추구형 리더십이어야 할 것이다. 셋째, 개척적인 경영마인드를 가진 CEO 형이 바람직할 것으로 판단된다. 보훈복지가 전기를 마련하지 않으면 내부폭발(implosion)이 일어나 조직의 존폐가 걸릴 것으로 예측되는 지금, 급변하는 환경에 직면하여 새로운 비전을 개척하는 리더십이 절실하다고 하겠다.

공단이 출범할 때부터 군 출신 직원들이 많았고, 또 사실상 군대식 직장문화가 뿌리내렸기 때문에 일반적으로 새로운 시대적 조류인 수평적 리더십, 토론과 대화 중심의 사업관행 등에서는 안 맞는 점도 많다. 또 한편 관료주의와 패배주의 역시 공단이 넘어서야 할 중요한 장벽이다.

최고경영자를 중심으로 한 경영진이 경영혁신 마인드로 무장하는 것 못잖게 리더십을 올바로 실현할 수 있는 자율과 책임경영의 제도와 풍토를 만들어주는 것도 중요하다. 이사장에게 권한을 충분히 위임하면서 동시에 책임을 물어야 한다. 임원진에 대한 임면권을 이사장에게 실질적으로 부여하여, 자신의 리더십하에 팀워크 경영에 몰두할 수 있게 해야 한다. 또 임원에 대한 중간평가도 필요하리라 본다. 임원이 한번 임명되면 3년 동안은 무조건 임기가 보장되는 제도가 안정성을 주는 좋은 면이 있다면 동시에 임원의 실적이나 종합평점이 나쁜 경우 중간에 어떻게 해 볼 방법이 없는 불합리한 측면도 있다. 임원은 회사의 성쇠에 책임지는 경영진이기 때문에 매우 주요한 직책이다. 따라서 경영성과를 끊임없이 평가받으면서 필요하면 중간평가를 할 수 있도록 해야 경영진에도 팽팽한 긴장감과 혁신의 분위기가 돌 것으로 본다.

또한 감사제도를 활용하는 적극적 사고가 필요하다. 필자는 2005년 감사업무의 방향을 전통적인 회계감사, 대안을 제시하는 시스템감사, 경영혁신을 보조하는 도우미감사로 설정한 바 있다. 그 동안 역대 정부에서 감사 자리는 정치권 인사의 논공행상자리, 또는 퇴직공무원의 돌려막기 인사라는 비판을 받아왔다. 사실 내용을 알고 보면 감사에 따라 그 업무충실도는 천차만별이다. 감사의 대우가 노동 강도나 중요성에 비해 너무 높다는 비판이 나올 수 있다.

그러나 공기업의 경우 정부에서 적극적으로 감사제도를 활용하면 경영혁신의 주요한 제도로 활용할 수가 있다. 2004년 9월 기획예산처에서 공기업 노조 감사연찬회를 실시한 적이 있다. 1박 2일 동안 진행된 연찬회는 주요 공기업의 혁신사례를 공부하면서 감사가 어떻게 기여할 지 고민하는 자리가 되었다. 매우 유용한 기회였다. 그런 연찬회도 역사상 처음이었다고 한다. 이와 같은 연찬회도 정기적으로 개최하고, 감사의 역할과 기능을 경영혁신의 관점에서 활용하는 발상의 전환도 필요하다.

역시 혁신은 인사에서부터

모든 기업 아니 모든 조직이 그렇듯이 인사가 만사인 것은 공단도 마찬가지다. 그런데, 인사제도와 운용면에서 공단은 시대적 변화에 비해 변화가 더딘 곳이다. 인사가 공정하고 투명하게 진행되어, 적소에 적재가 갔다는 평가를 받을 때 조직은 힘을 받고 활기를 띠게 된다. 이때까지 공단은 인사를 둘러싸고 말도 많고 탈도 많았다고 한다. 병원의 간호사를 뽑는데 돈을 썼다든지, 빽을 썼다든지, 온갖 루머가 돌곤 했다. 또 인사철이 올 때마다 모든 직원이 인사권자인 이사장의 일거수일투족에 모든 신경을 곤두세우곤 했다. 역대 인사는 거의 이사장의 전적인 권한으로 행사되었다. 그러다 보니 인사가 끝나면 이런저런 뒷소문이 돌면서 공단이 술렁이곤 했다. 1997년 이전 정부는 말할 것도 없고 국민의 정부 와서도 인사문제만큼은 논란에 휩싸여 특정 인맥이나 학연, 지연 등으로 많은 문제를 야기했다. 참여정부 들어와서 공정한 근무평정이나 적재적소에 인력을 배치하는 등 내용적 불균형을 개선하는 데 많은 노력을 기울였으나, 제도화에는 아직 이르지 못했다.

공단도 2005년부터 다른 공기업에서와 같은 주요 보직 공모제와 다면평가제, 승진심사에 있어 보통직원의 참여를 허용하는 쪽으로 제도를 변경하고 있다. 다른 조직에서 이미 4, 5년 전부터 실시해온 제도를 이제야 실시하게 되었지만, 올해를 기점으로 변화의 본격적인 기폭제가 되기를 바라고 있다.

제도의 변화 못지않게 제도의 내용도 중요하다. 이때까지 공단은 본격적인 인센티브 제도를 시행하지 않았다. 임원들은 물론이고, 일반직원들에게도 성과급이라는 것은 형식적인 것에 지나지 않았다. 실제로 보훈처에서 기관평가를 하면 60%까지 차등지급한다고 하지만 개인별 액수는(직종별 차이가 있기는 하지만), 사무직 4급 20호봉을 기준할 때 118만 원 정도에 그쳤다. 연봉제 임직원의 경우도 다른 공기업과 비교하면 성과급의 의미가 전혀 없었다. 이것은 이제까지 임원진을 안배하고 배려한다는 의미가 커서 성과와 능력을 측정, 평가한다는 개념이 없었기 때문이었다.

올해 들어와 기획예산처에서 연봉계약직 임직원들에 관해 정부산하기관 차원의 성과급에 관한 일률적인 기준을 적용하라는 지침이 나와서 전면적으로 바뀔 예정으로 있다. 임원뿐 아니라 일반 직원들에게 본격적인 인센티브 제도를 시행할 필요가 있다.

신나는 문화, 사이버 공동체를 살려야

조직의 문화를 바꾸는 본격적인 작업이 필요하다. 비전 제시, 지도부의 리더십, 공정한 인사제도 등의 준비작업을 바탕으로 생동하는 조직문화, 신명나는 일터로 바꾸는 일종의 문화혁명이 필요하다. 직장에 대한 자부심과 애착심을 키워주고, 한 가족으로서의 강력한 일체감을 형성하여 비전을 함께 추구한다는 추진력을 형성해야 한다.

그런데 우리의 현실은 매우 복잡다단하다. 병원과 사업부서가 소통될 수 있는 채널이 없고, 본부와 병원이 또 한발 떨어져 있다. 병원의 경우 24시간 가동되어야 하는 관계로, 전체 공단을 하나의 유대감으로 묶을 수 있는 이벤트나 수단이 없다.

필자의 생각으로는 우선 하나의 가족으로서의 유대감을 형성하려면 비전과 토론문화라는 콘텐츠를 제공하고, 사이버 공간이라는 무대를 마련해 주어야 할 것으로 생각된다. 지금은 토론보다는 지시가 앞서고, 사이버 공간은 죽어있는 상태다. 홈페이지와 사이버 커뮤니티는 고객의 편의를 위한 공간으로 설계되어 있지만, 직원공동체로서의 사이버공간은 활용되지 못하고 있다. 본부 직원들, 각 병원, 사업단의 사이버 공동체가 분리되어 있고 그나마 활성화되어 있지도 않다.

보훈가치를 실현하는 주체로서의 자부심, 비전있는 직장에 다닌다는 만족감, 남들에게 선망받는 직업인으로서의 위상을 확보하기 위한 종합적 처방이 필요하다. 그런 점에서 공단과 병원의 브랜드 가치를 높이는 콘텐츠와 홍보의 필요성이 절실하다 할 것이다.

보훈복지정책의 혁신비전

제4장 비전은 '세계 최고의 보훈복지 컨버전스 서비스'

- 고령화시대의 도래와 노인복지제도
- 기본컨셉 : 고령화시대의 종합복지를 선도하는 공단
- 세계 최고령사회 일본의 노인복지정책
- 보훈복지 컨버전스 시대를 열자
- 컨버전스형 서비스 사례 : 일본 히로시마현 미츠기쵸의 지역포괄 복지시스템
- 비전의 전제와 실천계획

비전은 '세계 최고의 보훈복지 컨버전스 서비스'

고령화시대의 도래와 노인복지제도

한국사회는 급속도로 고령화되고 있다. 정부통계에 의하면 65세 이상의 노인이 전인구에서 차지하는 비율이 2000년에 7%를 돌파하여 고령화사회로 진입하였고, 2014년에 14%에 도달하여 고령사회가 되며, 2026년에는 20%가 되어 초고령사회가 될 것으로 전망된다. 세계적으로 유례가 없는 빠른 속도라고 한다. 프랑스, 미국 등의 서구 선진국이 보통 90~150년에 걸린 사회변화를 우리는 앞으로 20여년만에 겪게 된다는 것이다. 저출산 고령사회의 구조는 우리가 이제껏 경험해왔던 사회와는 완전히 달라진다.(도표 1 참조)

이에 위기위식을 느낀 정부는 고령사회 대비를 목적으로 대통령 직속 고령화및미래사회위원회를 출범시켰고, 범정부적 마스터플랜을 짜고 있다. 대통령이 고령사회 대책을 대통령 프로젝트로 하여 전략적 과제로 전력투구하겠다고 직접 선언하였다.

2004년 1월 15일 제35회 국정과제회의에 제출된 '저출산 고령사회 대응을 위한 국가실천전략' 속에 안정적이고 건강하며 활력있는 노후생활을 보장하겠다는 큰 목표를 제시하고 구체적인 각론을 설명하고 있다. 복지부문은 건강한 노후생활 보장체계 구축이라는 항목에서 다양한 대책을 제시하고 있다. 장기요양보험제도의 도입, 장기요양 및 재가복지시설 확충, 치매시설 건립, 가정·지역사회 및

도표 1. 인구 고령화 속도 국제 비교

고령인구 비율 국가	도달년도			증가 소요년수		2002년 65세 이상 인구구성비(%)
	7%	14%	20%	7%→14%	14%→20%	
프랑스	1864	1979	2019	115	40	16.3
노르웨이	1885	1977	2021	92	44	14.9
스웨덴	1887	1972	2011	85	39	17.2
호주	1939	2012	2030	73	18	12.7
미국	1942	2014	2030	72	16	12.3
캐나다	1945	2010	2024	65	14	12.7
이탈리아	1927	1988	2008	61	20	18.6
영국	1929	1976	2020	47	44	15.9
독일	1932	1972	2010	40	38	17.3
일본	1970	1994	2006	24	12	18.4
한국	2000	2019	2026	19	7	7.9

* 자료 : UN, 「The Sex and Age Distribution of World Population」, 각년도 일본 국립사회보장·인구문제연구소, 「인구통계자료집」, 2003 OECD, 「OECD Health Data」, 2004

민간부문간 연계구축, 노인건강 및 보건관리체계 구축 등의 세부 추진일정이 나와 있다. 그중 중요한 몇 가지를 소개하면 이렇다.

2005년부터 국민연금법을 손질해서 노후 소득보장체계를 개선하고, 2008년부터 일본의 개호(케어)보험제도와 유사한 노인요양보험을 실시할 예정이다.

65세 이상 노인 중 장기요양서비스를 필요로 하는 노인이 2003년 590천명(전체 노인의 14.8%)에서 2010년 790천명으로 증가하고, 이 중 시설요양서비스가 필요한 노인은 2003년 79천명에서 2008년 99천명으로 증가할 것으로 예측되며, 2003년 현재 31.5%에 불과한 시설보호충족률을 2008년까지 60%까지 끌어올릴 계획이다.

도표 2. 장기 요양시설 확충계획

구분	2003년	2008년
• 시설수(병상수)	338개소(25천병상)	804개소(57천병상)
– 요양시설	– 111(7.8천)	– 146(10천)
– 실비요양시설	– 50(3.5천)	– 220(15천)
– 전문요양시설	– 132(9.2천)	– 360(25천)
– 치매요양병원	– 45(4.5천)	– 78(7천)
• 시설보호대상자	79천명	100천명

* 시설보호충족률 : 현재 이용가능한 시설보호노인수/시설요양서비스가 필요한 추정노인 수

재가 요양서비스가 필요한 노인은 2003년 321천명에서 2008년 403천명으로 증가할 것으로 예측되나 2003년 현재 4.7%로 열악한 재가보호충족률을 2008년까지 40% 수준까지 확충할 계획이라 한다.

도표 3. 재가 보호시설 확충계획

구분	2003년		2008년
• 시설수	317개소		2,992개소
– 가정봉사원파견센터	– 120		– 1,370
– 주간보호시설	– 166	⇨	– 1,116
– 단기보호시설	– 31		– 506
• 재가보호대상자	321천명		403천명
• 이용인원	15천명		153천명

* 재가보호충족률 : 현재 이용가능한 재가보호노인수/재가요양서비스가 필요한 추정노인 수

이러한 시설 못잖게 장기요양서비스 제공을 위한 전문인력도 대단히 미흡하다. 노인의학전문의, 케어메니저를 비롯한 간병 전문인력은 약 10만명이 필요하나, 현재 가정봉사원양성교육기관에 의한 가정봉사원은 8,960명(유급 569명, 무급 8,391명)에 불과한 실정이다. 이에 대처하기 위해,

- 노인질환에 대한 체계적 평가와 치료계획의 수립, 노인 재가 및 시설의 서비스의 내실화를 위해 노인의학전문의 제도를 도입하고,
- 요양보호 욕구사정, 케어플랜 작성 및 서비스 조정 등을 담당할 복지전문인력(케어매니저)을 양성하여 요양서비스의 연계성 및 효율성을 강화하며,
- 요양시설 및 지역사회 영역에서 노인의 특성을 고려한 전문 간

호서비스 제공을 위해 노인전문간호사 제도를 2003년부터 제도화하여 확충하고, 2006년부터 본격 배출할 예정이며, 전문 간병인력 확충을 위해 전문 간병인 자격제도 도입 등 노인요양 전문인력 양성을 제도화할 계획이다.

또한 치매대책으로, 현재 보건소 중심으로 치매상담신고센터를 설치하여 상담이 이루어지고 있으나 사후대책에 치우쳐 치매예방관리 및 조기치료 등 효과적 치매관리 시스템이 미흡하여 이를 강화하고, 60세 이상 사망자의 주원인인 암, 뇌혈관 질환, 심장질환 및 당뇨병 등을 예방, 조기치료하기 위한 노인 특성에 맞는 건강관리 프로그램 등 노인보건관리체계를 발전시킬 예정이다.(도표 4 참조)

기본컨셉 : 고령화시대의 종합복지를 선도하는 공단

그런데, 이러한 고령화사회와 노인복지는 보훈공단의 보훈복지와 무관하지 않다. 왜냐하면 통계상으로만 보아도 유공자의 평균연령이 65세이고, 65세 이상의 노인이 유공자(26만명, 보훈행정대상자는 70여만명)의 65%를 차지하는 현실을 감안하면, 보훈복지 그 자체가 노인복지와 거의 등치된다고 보아도 과언이 아니기 때문이다. 2004년 말 현재, 보훈복지는 앞서 서술한 대로 5개의 병원, 한 개의 요양원, 한 개의 주거시설로 이루어져 있다. 이것이 전부다.

도표 4. 저출산·고령사회 대응을 위한 국가실천계획 연차별 추진 일정

과제명	세부 추진과제	2004	2005	2006	2007	중장기 2008~
안정적인 노후소득 보장체계 구축	국민연금법 개정	■				
	경로연금 개편		■			
	개인연금 활성화방안 마련	■				
	지역연금과 국민연금 연계방안 마련	■				
	다층연금체계 도입방안 등 청사진 마련	■				
	국민연금 패널데이터 구축	■				
건강한 노후생활 보장체계 구축	장기요양보험제도 도입준비	■	■	■	■	
	장기요양 및 재가복지시설 확충	■	■	■	■	■
	치매시설 건립지원	■	■	■	■	■
	가정·지역사회 및 민간부문간 연계체계 구축	■	■	■	■	■
	노인건강 및 보건관리체계 구축	■	■	■	■	■
	노인요양서비스 전문인력 확충	■	■	■	■	■
	건강검진 확대 및 통합검진체계 구축	■	■	■		
	국민건강증진 및 생활체육활성화방안 마련	■				
교육·여가·문화향상, 주거환경 개선 및 세대간 이해증진 강화	평생교육활성화 인프라 구축 — 지역단위 노인교육협력체계 구축	■	■			
	평생교육활성화 인프라 구축 — 평생교육 접근성 제고	■				
	평생교육활성화 인프라 구축 — 노인교육프로그램 개발	■	■	■	■	■
	평생교육활성화 인프라 구축 — 노인정보화 능력 제고	■	■	■	■	■
	노인편의 위주의 주거지원정책 마련 — 노인을 위한 주택공급 및 개조		■	■	■	■
	노인편의 위주의 주거지원정책 마련 — 노인전용공간의 설치·운영		■	■	■	■
	여가 및 자원봉사 활동 지원 — 경로당·노인복지회관 운영활성화	■	■	■	■	■
	여가 및 자원봉사 활동 지원 — 자원봉사활성화 지원	■	■	■	■	■
	세대간 이해 증진강화 — 노인존중 교육 강화	■	■	■	■	■
	세대간 이해 증진강화 — 노인종합정보시스템 구축	■	■			
	세대간 이해 증진강화 — 노인체험관 등 설립	■	■	■	■	■
	세대간 이해 증진강화 — 효문화 정립	■	■	■	■	■

* 자료 : 대통령비서실 고령사회 대책 및 사회통합기획단 인구고령사회대책팀,
「저출산·고령사회 대응을 위한 국가실천전략 보고서」

유공자들이 생활수준이 높아서 일반 서민과는 달리 노인요양시설
이나 주거시설을 필요로 하지 않아서일까? 그것은 그렇지 않은 것
같다. 보훈처 통계에 의하면 유공자의 79%가 건강이 매우 나쁘거
나 나쁜 편이라고 답변했다.

도표 5. 건강상태

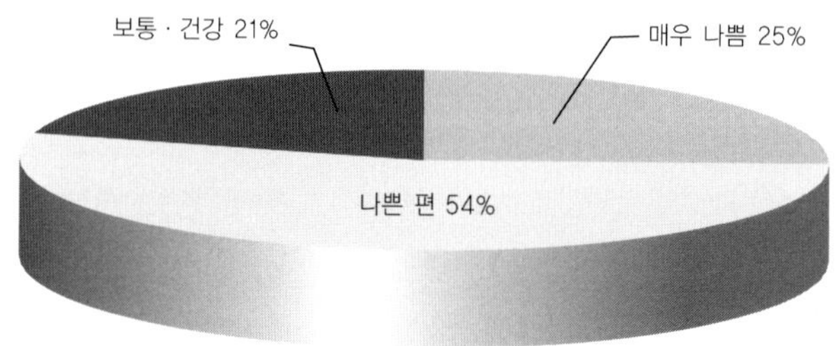

질병은 중풍(17%), 치매(4%), 당뇨 등 만성질환이 79%를 차지
하고 있다.

도표 6. 건강상태가 나쁠경우 질병

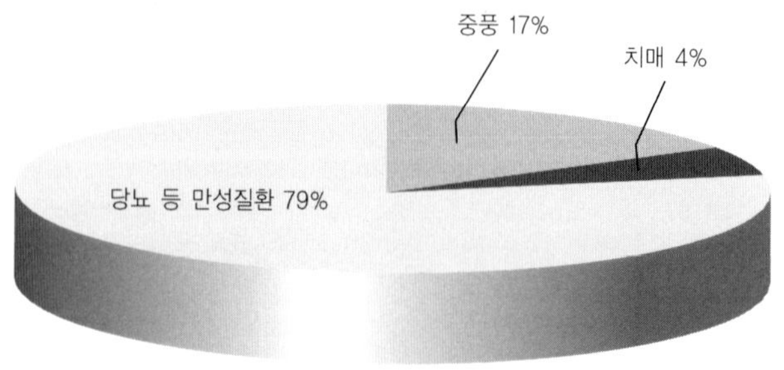

심지어 비용의 일부를 부담해서라도 장기요양보호시설을 이용하고 싶다는 사람이 27%에 이르렀다. 27%만 계산해 봐도 7만 명이 나온다.(2005. 02. 보훈처 실시 '노후복지 수요조사 결과')

도표 7. 비용의 일부를 부담하고 장기요양보호시설 이용희망 여부

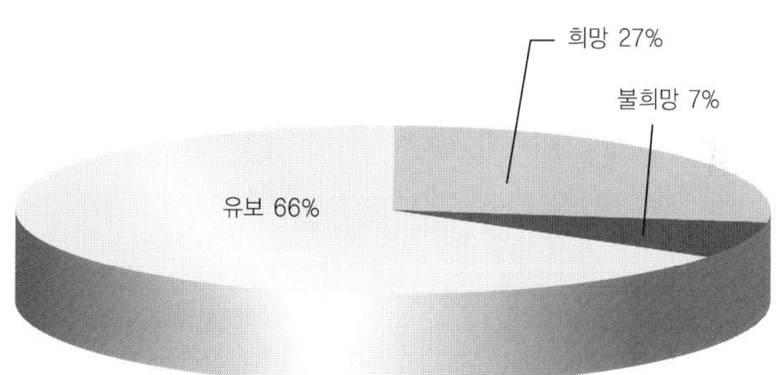

충격적인 현실이 아닐 수 없다. 사실상 유공자의 노후복지에 대해 지금껏 모른척 해왔다고 볼 수밖에 없다. 만약 보훈복지가 유공자들의 고령화에 발맞추어 정상적으로 대응해 왔다면 고령화사회를 준비하는 정부부처가 보훈처와 공단에서 많은 정책을 벤치마킹해야 할 것이다. 그러나 상황은 정반대다.

이것은 정상이 아니다. 국가유공자에 대한 보훈복지가 사회보장제도를 견인해야 한다. 사회보장제도와 보훈복지는 생성배경, 목표수준, 제도의 성격 등에서 전혀 다른 제도다.(도표 8 참조) 목표수준을 보더라도 사회보장제도는 사회구성원의 기본적 복지 달성, 생

존에 필요한 최저수준 이상의 소득지원을 목표로 하지만, 보훈복지
는 영예로운 생활의 유지보장, 최소한의 문화생활 영위수준, 공동
체의 존립기여 공로를 인정하여 생존권의 보장을 초월한 윤리적 차
원의 보상이다. 보훈복지가 사회보장제도보다 질에서 앞서야 한다
는 것을 인정해야 한다. 보훈복지는 단순히 경제적 지원으로 끝나
는 것은 아니고, 궁극적으로 명예심과 예우를 통해 국가사회의 애

도표 8. 국가보훈과 사회보장제도 비교

	국가보훈제도	사회보장제도
제도발생 연원	• 국가와 민족을 위하여 특별히 공헌 희생한 자에 대하여 국가가 보상의 의무를 지는 국가공동체의 규범원리 • 국가의 당위적 의무이행으로 인식	• 자본주의 발생에 따라 나타난빈곤 문제가 사회화하여 개인의 빈곤이 사회적 책임이라는 인식에서 발생
내용상 차이	• 국가 보상적 측면에서의 물질적 보상, 정신적 예우를 결합한 시책	• 복지측면에서 사회보험, 공적부조, 사회복지 서비스 등 물질적 구빈 대책
지원수준차이	• 희생과 공헌에 상응하는 보상으로 생계유지 이상의 영예로운 생활영위를 목표	• 기본적인 인간다운 생활도모를 위한 최저생계 유지수준 (경제적 실정 참작)
권익승계 승부	• 권익예우 등 신분적 권리부여 • 생존시뿐만 아니라 유족까지 권리승계	• 생활여건 변화시 권익상실
담당주체	• 국가	• 국가 · 지방자치단체 또는 관련 사회단체
제도미흡시 결과	• 국가기반 와해(국가적 문제)	• 사회문제 야기 (개인적 · 사회적 문제)

* 자료 : 「국가와 보훈」, 2002, 20쪽

국심을 고취하고 국민통합을 실현하는 매개체로 보아야 한다. 그렇다면, 현재의 보훈복지 수준을 비판적으로 검토하면서 우리는 발상의 전환에 나서야 한다. 보훈공단은 초고령집단인 국가유공자를 위한 종합복지기관으로서의 선도성과 전문성을 갖추어야 한다.

세계 최고령사회 일본의 노인복지정책

이 장은 '일본의 고령자 보건복지 제도와 정책'(황경성 저, 학지사, 2004)과 '21세기 초고령화 사회를 대비한 한국과 세계각국의 노인복지 및 실버산업 국가정책에 관한 연구'(이동일 저, 2004)에서 주로 참조하였음을 밝힌다.

세계 최고령사회인 일본의 노인복지제도는 한국이 앞으로 벤치마킹해야 할 중요한 제도다. 우선 일본과 한국의 사회복지 지출을 살펴보자. 좀 오래된 자료이지만, 2001년 기준 우리나라의 사회복지 지출은 약 47조 9,952억 원으로 추계되었으며, 이는 경상 GDP 대비 8.7%였다. 이에 비해 일본은 약 88조 3,452억 엔으로 경상 GDP 대비 17.47%로 비율로는 우리나라에 비해 약 2배에 달하고 금액으로는 약 18배나 많다.

주요 지출항목의 배분구조를 보면, 우리나라는 보건(37.2%), 실업(28.8%), 노령(14.0%)인데, 일본은 노령(44.9%), 보건(35.8%), 실업(2.6%)으로 노령화 사회 일본의 특성이 확연히 드러난다.

일본의 노인복지를 법적으로 보면, 노인복지법(1963년 제정), 노인보건법(1982년), 개호보험법(2000년)으로 발전해 왔다.

복지의 범주별로 살펴보면, ①연금제도와 생활보호제도를 통한 소득보장체계, ②보건의료 서비스의 보장과 의료비 보장을 통한 의료지원체계, ③공영주택의 제공, 대부와 융자, 케어장치가 부착된 집합주택 등을 통한 주거보장체계로 되어 있다.

복지서비스는 시설복지 서비스와 재가노인복지 서비스로 나뉘어져 있다. 이것은 이 장 마지막에 노인복지시설의 종류와 역할이라는 표에서 설명하겠다.

도표 9. 골드플랜 21의 서비스 항목과 목표

	서비스항목과 목표	1단계목표 (1999)	2단계목표 (2004)
방문서비스	방문간병 방문간호 스테이션	17만명 5000개소	35만명 9900개소
통원서비스	통원간병 (데이서비스, 데이케어)	1.7만개소	2.6만개소
단기입소서비스	단기입소생활 및 요양케어	6만 명분	9.6만명분
시설서비스	개인노인복지시설 (특별양호노인홈)	29만 명분	36만명분
	개호노인보건시설	28만 명분	29.7만명분
생활지원서비스	치매 대응형 공동생활개호 (치매성노인 그룹홈)	–	3,200개소
	개호이용형경비노인홈 (케어하우스)	10만 명분	10.5만명분
	고령자 생활복지센터	400개소	1,800개소

1963년 노인복지법, 1982년 노인보건법을 만든 일본정부는 고령화의 진전으로 기존 노인복지제도가 한계에 부딪치자 보다 근본적인 대책을 마련하기 시작했다. 골드플랜(1990~1999), 신골드플랜(1995), 골드플랜 21(2000~2004) 등의 범정부대책으로 노인복지와 실버산업 육성을 동시에 추진하였다.

'실버를 골드플랜으로'라는 캐치프레이즈로 '골드플랜 21'이라는 야심찬 설계도를 제시했다.(도표 9 참조)

개호보험이야말로 지난 40여 년간 일본사회가 노인복지를 위해 노력해온 제도발전의 총체적 산물이라 할 것이다. 그럼 노인복지제도의 허브라 할 개호(CARE)보험제도를 살펴보자. 기존의 고령자 간병이 노인복지와 노인보건 두 가지 제도가 행해지고 있어 종합적인 서비스를 만들 필요가 생겨서 이를 하나의 제도로 통합한 것이 개호보험이다.

개호보험은 두 제도를 재편성하여 급여와 부담의 관계가 명확한 사회보험 방식에 의하여 사회 전체가 간병을 지원, 이용자의 선택에 따라 보건·의료·복지에 걸친 간병 서비스를 종합적으로 이용 가능하도록 하는 제도이다.

- **제도개요**
  - 보험자 : 시·정·촌 → 국가, 도·도·부·현, 의료보험자,
    연금보험자 지원

도표 10. 피보험자 범위

	제1호 피보험자	제2호 피보험자
대상자	• 65세 이상인 자	• 40세 이상 65세 미만의 의료보험 가입자
구급권자	• 요간병자(와상, 치매) • 요지원자(허약)	• 초노기 치매, 뇌혈관장애 등의 노화에 기인한 질병
보험료부담	• 시·정·촌 미징수	• 의료보험자가 의료보험금 징수하고 납부금으로 일괄 납부
부과· 징수방법	• 소득단계 일정액보험금 　(저소득자의 부담경감) • 연금액 일정 이상을 연금에서 　징수하고 그 이상은 보통징수	• 건보 　표준보수×간병보험요율(사업주부담) • 국보 　소득할, 균등할 등으로 안분 　(국고부담 있음)

도표 11. 급여내용

	재택서비스	시설서비스
개요	• 방문개호(홈헬프) • 방문임욕 • 방문·통원재활(데이케어 등) • 방문간호 • 거택요양관리지도 • 통원개호(데이서비스) • 단기입소(쇼트스테이) • 치매대응형 • 공동생활개호(2룸홈) • 유료노인홈 등에 관한 개호 • 복지용구의 대여, 구입비의 지급 • 주택개조(손잡이의 설치, 단차의 해소 등) 　비용지급	• 지정개호노인복지시설 　(특별양호노인홈) • 개호노인보건시설 • 지정개호요양형 의료시설 　- 요양형병상군, 　　노인성치매질환 요양 병동 　　개호력강호병원(시행후 3년간)

도표 12. 노인복지 시설 종류와 역할(참고자료)

시설명		사업의 개요
입 소 형	특별양호 노인홈	상시간병이 필요하며 가정에서의 생활이 곤란한 65세 이상의 고령자를 위한 복지시설
	양호노인홈	65세 이상의 노인들로서 심신기능의 감퇴 등으로 일상생활에 지장이 있거나 주택사정에 어려움이 있는 자를 입소시켜 양호함
	경비(經費) 노인홈	저소득 계층에 속하는 65세 이상의 노인을 대상으로 가정환경, 주택사정 등의 이유로 생활이 곤란한 사람이 낮은 비용으로 이용 하는 시설. A형과 B형이 있는데, A형은 급식 서비스가 있고 B형은 자취하는 것으로 되어 있음
	케어하우스	고령자들이 스스로 혼자 자립하여 생활할 수 있도록 휠체어 생활이 용이하도록 설계한 주택이며 생활상담, 급식 등의 서비스를 제공함
	노인단기 입소시설	집에서 간호를 받기가 일시적으로 곤란한 65세 이상의 노인을 단기간 입소시켜 양호함.
	유료노인홈	항상 10명 이상의 노인을 입소시켜 식사제공 및 일상생활에 필요한 편의를 제공함
	실버하우스	입소대상은 독신노인이나, 부부가 고령자인 경우로 10~30세대 당 생활보조원 1명을 배치하고 고령자를 위한 설비와 구조를 갖추 어 응급시 연락이 가능하도록 되어 있고, 생활지도, 상담, 일시적인 가사지원 등의 서비스를 제공함
이 용 형	노인주간 서비스센터	65세 이상의 노인으로 신체 또는 정신상 장애가 있어서 일상 생활에 지장이 있는 사람들에게 목욕, 식사제공, 기능훈련, 간호방법 지도 등의 편의를 제공함
	고령자 생활복지센터	벽지에 사는 고령자들을 위하여 간호지원기능, 거주기능 및 지역 과의 교류기능 등이 종합적으로 있는 소규모의 복합시설
	노인복지센터	지역의 노인에 관한 각종 상담, 건강증진, 교육의 향상 및 레크레이션 등의 편의를 제공함
	노인의 집	지역의 노인들에게 무료 또는 저렴한 가격으로 교양의 향상, 레크레이션 등을 위한 장소를 제공하고, 노인의 건강을 위한 시설, 노인복지센터보다는 소규모임
	노인휴양홈	경치가 좋은 곳, 온천이 있는 곳에 노인의 보건휴양을 위해 편안하게 쉴 수 있도록 숙박시설이 갖추어진 곳

보훈복지 컨버전스 시대를 열자

필자는 가정간호사 제도를 현장 실습한 적이 있다. 우리 병원의 경우 전국 5개 병원에서 13명의 가정간호사가 재가방문 간호에 종사하고 있다. 서울병원의 경우 5명이 한 달에 520회의 가정방문을 통해 중병에 걸린 와상환자를 돌보고 있다.

가정간호사 제도는 한국에서는 아직 대중화되지 않은 복지서비스다. 제도적으로도 성숙하지 않았고, 일반국민들도 잘 몰라서 이용하지 못하는 제도다. 현재 정부에서는 가정간호업체가 설립될 수 있는 규정을 마련해 둔 상다.

노인환자를 위한 최상의 복지는 집으로 돌아가게 만드는 것이란 말이 있다. 그러나 움직이기 힘든 와상환자나, 급성적 처치가 필요하지 않고 일상적 관리만 필요한 만성환자의 경우, 가정간호사 제도를 포함한 재가복지 서비스는 결정적인 도움이 된다. 환자 3년에 효자효부 없다는 속담이 있다. 요즘 세태는 부모가 아파도 자식들이 모시는 경우는 거의 없다. 대부분 부부가 서로 의지하고 간병하거나, 그도 아니면 독거 환자도 많다. 부부라 하더라도 배우자가 죽으면 어떻게 살아야 하는 불안감에 시달리는 경우도 많이 본다.

가정간호사에 대한 환자나 가족의 고마움은 대단하다. 가정간호사는 수술을 제외한 욕창처치, 대소변처리, 혈압 등 각종 치료 및 검사를 해준다. 환자의 상태에 따라 2일에 한번, 또는 1주일에 한번 정기적으로 방문한다. 현재는 의료보험에서 1달에 8번까지 보험 처리해준다.

가정간호사 제도는 아직 우리 사회에 낯설은 재가복지서비스의 원형을 보여준다. 이제 환자는 무조건 병원에 가서 입원해야 하는 시대는 지나가고 있다. 자장면 배달처럼 웬만한 만성질환 처리는 집으로 치료 서비스가 배달되는 새로운 시대가 열리고 있는 것이다. 보건, 의료, 복지가 종합되는 새로운 시스템이 열리고 있다.

요즘 디지털 컨버전스라는 용어가 유행하고 있다. 세계 IT업계가 이 조류를 타지 않으면 경쟁에서 낙오된다고 한다. 예전에는 분리된 기능을 가진 제품들이 다양한 기능이 융복합되면서 더욱 편리해지고, 더욱 뛰어난 기능을 가진 하나의 제품으로 발전한다는 것이다. 예를 들어 휴대폰에 카메라, 엠피3플레이어, 동영상, DMB 방송에다가 홈네트워킹까지 원격조종되는 식으로 진화 발전하는 것을 일컫는 말이다.

향후 유공자의 노후복지 역시 컨버전스화하지 않을 수 없다. 급성기 전문병원, 노인질환 전문병원, 중풍, 치매 등을 관리하는 요양시설, 노인주거시설(실버타운), 그리고 건강생활을 보장하는 각종 제품과 시스템을 전반적으로 통합하여 포괄적으로 지원하는 제도로 발전해야 한다. 제대로된 국가유공자 복지제도라면 이런 컨버전스형 복지를 지향해야 한다. 이 개념이야말로 앞으로 한국사회가 지향해야 할 노인복지제도의 청사진이 되어야 한다.

현재의 보훈복지는 파편화, 개별화되어 있다. 보훈포탈사이트같은 통합된 정보시스템도 없고, 정책의 기초통계도 없고, 연금, 의료지원, 주거복지시설이 따로따로 단절되어 있다. 유공자 care system을 total welfare system으로 발전시켜야 한다. 이렇게 가야 현재의 기형적이고 불완전한 보훈복지를 명실상부한 국가유공자 종합복지로 발전시킬 수 있는 것이다.

필자는 보훈공단의 비전을 어떻게 설정해야 하는가를 놓고 지난 1년간 고민해왔다. 공기업의 경우 '자신의 분야에서 세계 최고의 서비스를 제공하는 전문기관'을 제시하는 경우가 많다. 이 공식을 대입하면 '세계 최고의 보훈복지를 제공하는 전문기관'으로 보훈공단을 규정해야 한다. 그런데, 이러한 목표가 과연 현실성이 있으며, 임직원들이 받아들일 것인가? 보훈병원의 이미지, 보훈병원의 객관적 위상, 보훈업무의 정부내 위상을 근거로 할 때 세계최고의 보훈복지를 제공하겠다는 것이 설득력있는 목표가 될 수 있을까? 공단 내에서 누구도 이런 '무모한' 발상을 하는 사람은 없었다. 그저 작년보다 나아지고, 내년에 조금이라도 나아지면 '행복해 하는' 분위기가 지배적이었다. 그런데 감히 '세계최고'라는 목표를 내건다면…….

가정간호사 제도를 검토하면서 필자는 보훈공단이 '세계 최고의 보훈복지 전문기관'이 되는 것이 불가능하지 않다는 확신을 가졌다. 보훈병원의 가정간호 퀄리티는 뛰어나다는 평가를 환자나 가족에게 받는다고 한다. 특히 다른 병원의 가정간호를 받아본 사람은 우리 병원의 가정간호를 반드시 다시 찾는다고 한다. 그렇다면 비전을 찾기 위해 발상을 바꾸어 보자. 보훈병원을 삼성병원이나 아산병원만큼 키우는 것이 목표일 필요는 없다. 문제는 네트워크를 통한 시너지 효과다. 보훈처는 위탁진료제를 운용하고 있다. 원거리 환자나 중증고난도 환자에게는 전국적으로 172개의 위탁병원을 지정하여 운영하고 있다.

그렇다면 위탁병원, 보훈병원, 요양복지, 재가복지를 시스템적으로 잘 운용하면 그것이 곧 컨버전스형 보훈복지이고, 이것만큼은 세계에서 제일 잘할 수 있는 조직으로 탈바꿈할 수 있을 것이라는 확신을 가졌다. 특히 일본의 평범한 시골마을 히로시마현의 미츠기쵸의 지역포괄 복지시스템이 세계적 의료복지의 유토피아라는 평을 듣는다는 자료를 입수하고서 더욱 확신이 굳어졌다.

미쵸기쵸의 사례는 다음 장에서 자세히 소개하겠지만, 좁은 의미의 컨버전스형이고(의료, 보건, 요양의 네트웍), 여기에 주거부문을 포함한 실버산업으로 외연을 확장하면 넓은 의미의 컨버전스형 서비스로 완성된다.

먼저 병원과 요양시설을 네트웍화하고, 동시에 가정간호를 포함한 재가복지서비스로 확장하고, 마지막으로 실버타운 등 건강한 노인을 위한 보건복지시스템까지 포괄하면 의료, 요양, 건강한 삶의 지원이라는 삼위일체적 종합복지를 구현할 수 있다.

컨버전스형 서비스 사례 : 일본 히로시마현 미츠기쵸의 지역 포괄 복지시스템(유한대학 보건의료복지연구소의 일본 연수 자료, 2002년 8월)

평범한 시골마을이 세계적 의료복지의 유토피아가 되기까지

공립 미츠기 병원과 그 주변의 시설군에서 행해지는 지역포괄케어 시스템을 접한 사람은 모두 이 마을에 살게 된다면 노후의 불안은 모두 해소될 것으로 생각할 것이다. 히로시마현 미츠기군 미츠기쵸 산골의 자그마한 이 마을이 복지의 마을로 알려진 후 연간 5천명이 넘는 견학자가 전 세계에서 찾아들고 있다. 이중에는 복지의 선진국인 스웨덴, 핀란드 시찰단도 포함되어 있다.

1966년 여름 야마구치씨가 모교 나가사키 대학의국으로부터 파견되어 공립 미츠기병원의 병원장이 되었을 때 미츠기쵸는 일본의 어디에서도 볼 수 있는 그저 평범한 시골마을에 지나지 않았다. 의사 4명, 병상수 40병상의 소규모병원이었다.

당시 뇌졸중 교통사고에 대비해 병원을 증축하고 시설과 장비를 마련해갔다. 여기에 더하여 문제가 된 것은 와상환자의 증가였다. 예를 들어 뇌졸중 환자가 개두수술, ICU(중환자실), 24시간 간호, 1~2개월의 재활치료 후 지팡이를 짚고 퇴원하게 되어도 1년이 가기 전에 와상노인이 되어 욕창으로 재입원하게 된다. 밤을 새워 수술을 하여 생명을 구했다고 좋아했는데 아무 소용이 없는 일이 되어버린 것이다.

여기에서 퇴원후의 케어가 충분하지 못했다는 반성을 하게 되었고, 퇴원후의 환자에게도 의료와 간호, 재활치료를 충분히 제공해야겠다는 생각을 갖게 되었다. 야마구치 원장은 의료의 배달을 생각하게 되었다. 음식점에서 전화 한통이면 어디든 달려가 음식을 배달하는 것처럼 와상제로작전을 실행해 나갔다.(1994년)

그 과정에서 병원 내에 보건복지센터를 설치하고 행정기관의 보건, 복지, 의료보험 및 노인의료담당부문을 불러들였다. 행정기관의 기능을 병원으로 이관한다는 상식 밖의 아이디어를 의기투합하여 실행에 옮긴 것이다. 병원, 주민과, 후생과, 사회복지협의회 4개의 창구를 일원화하였다. 현재 미츠기병원은 17개 진료과, 직원 480명(의사 40명), 병상수 240병상, 진료권역 인구 7만명의 중핵 종합병원으로 고도의료를 담당하고 있다.

일본 전국의 고령화율은 17%이나 미츠기쵸의 고령화율은 28%이다. 그러나 미츠기쵸의 와상노인 수는 아주 적다. 전국의 와상노인비율은 5.7%인데 미츠기쵸의 와상노인비율은 0.8%에 지나지 않는다.

히로시마 부근의 미츠기쵸는 인구 9천여명의 작은 마을로서 구릉지대에 노인보건시설, 히로시마 현립 호레아이노 사토(만남의 장), 노인재활 병설 시설, 협력병원인 공립 미츠기 병원, 현립 특별 양호노인홈, 케어하우스 등이 전개되어 있다. 이러한 시설들은 미츠기쵸 지역 포괄 케어시스템의 일환으로 지역주민, 행정, 의사회 등의 이해와 함께 효과적으로 운영되고 있는 것이 특징이다. 이들 시설의 규모와 서비스의 질을 고찰하면, 반드시 대형화 초고급화하는 것만이 유일한 길이 아니라는 것을 알 수 있다.

각 시설을 자세히 살펴보자.

• 공립 미츠기 병원

공립 미츠기병원은 일반병상 240병상, 17개의 진료과, 직원수 약 480명에 진료권 인구 수는 약 7만명의 중핵적 종합병원이다. 병원의 이념은 지역포괄의료의 실천에 있다. 병원에는 전임 방문간호사가 있어 노인을 대상으로 한 가정방문간호를 행하고 있다. 전임간호사는 10여명이고, 이와 더불어 방문재활서비스도 실시하고 있다. 가정방문 시에는 간호사뿐만 아니라 개호복지사도 같이 파견되어 의료와 복지의 연계를 꾀하고 있다.

• 노인보건시설 미츠기

노인재활센터 병설시설로서 1989년 설립하여 정원 150명의(통원정원은 30명) 재활을 위주로 하는 노인시설이다. 건물은 채광을 중시한 밝은 실내로 4인실, 2인실, 개인실이 있고, 넓고 밝은 다목적 홀을 중심으로 한 객실이 펼쳐져 있다.

인접한 재활센터와 노인보건시설에서는 충분한 재활치료를 받고,

가정 복귀에 있어서는 병설 재가간병지원센터가 중심이 되어 물리치료사, 의사 등과 연계를 맺고 방문간호, 간병, 방문재활치료를 실시하고, 퇴원 후의 ADL 실시 향상에 노력하고 재가 케어를 지원하고 있다. 가정 복귀율은 80%를 넘으며, 평균 재원일수는 97.7일, 숏 스테이는 월 평균 8.5일이다. 통원은 평균 18명, 등록 수는 191명이다.(2002년 현재)

- **현립 후레아이노 사토 노인재활센터**

  현립 후레아이노사토에 설치된 특별양호노인홈에 병설된 것으로 공립 미츠기병원이 운영을 담당. 여기에서는 홈 입소자는 물론 외래통원환자에게도 기능회복훈련을 함과 동시에 시설직원을 대상으로 한 기능회복훈련의 사상, 기술의 보급 등의 상담을 행한다.

- **특별 양호노인홈케어하우스 사츠기**

  1993년 7월에 정원 30명 규모로 노인보건시설 미츠기노에 인접하여 개설하였다. 노인보건시설의 데이케어 등의 기능을 활용하여 일체적 운영을 꾀하고 있다. 케어하우스는 고령이나 신체기능저하로 인해 독립된 생활을 하는 것이 불안한 고령자가 자립생활을 할 수 있도록 고안된 케어가 제공되는 집합주택이다. 각종 상담, 식사 등도 있고, 객실은 기본적으로 휠체어 생활이 가능하며, 프라이버시를 존중한 새로운 타입의 고령자주택이다.

- 미츠기쵸 재택개호지원센터

1990년 노인보건시설에 병설된 24시간 체제의 개호상담창구로, 복지행정의 사무 수속을 대행한다. 센터에는 전시코너와 모델룸이 있어 각종 개호상담에 응하는 한편 재택케어 관련 부문과의 연계에 의해 방문간호, 개호, 방문재활서비스를 실시하고 있다.

- 히로시마현 지역개호실습보급센터

장수사회에 대비하여 지역 주민을 시작으로 자원봉사자, 요개호 노인의 가족 등에게 널리 개호지식, 개호기술의 보급에 공헌.

- 노인방문간호스테이션

공립 미츠기병원 내에 1992년 개설했다.

비전의 전제와 실천계획

혁신적인 보훈복지 비전을 실천하려면 주무부처이자 정책주관부서인 보훈처와 보훈공단이 정교한 팀플레이를 펼쳐야 한다. 비전, 전략, 로드맵 등 구체적 실행계획을 같이 만들고, 역할분담을 통해 목표에 도전해야 한다.

정책적 로드맵을 만들기 위해 우선 노후복지 수요에 대한 실증적 수요조사가 선행되어야 한다. 앞에서 살펴본 것처럼 고령화 및미래사회위원회에서 제출한 것과 같은 상당히 현실에 접근하는 정밀한 수요조사를 실시해야 한다. 일본처럼 한 자리 숫자까지 파악하는 정밀성을 모범으로 삼자. 둘째, 한국적 보훈복지모형을 구축해야 한다. 복지의 질과 수준을 설정하고, 필요한 재원규모를 산출해 내야 한다. 셋째, 이를 바탕으로 법적 제도적 필요사항을 완비해야 한다.

위 사항이 전략적이고 정부 차원의 정책사항이라면, 공단 차원에서 사업적이고 실무적인 준비가 필요하다. 우선 공단 내 TF팀을 구성하여 본격적인 준비를 시작한다. 둘째, 현재의 조건과 상황을 바탕으로 4~5년 이내 중단기계획과 5~10년 단위의 장기전략을 수립한다. 셋째, 현재의 의료지원과 연계하여 당장 가능한 복합복지제도부터 출발한다.

보훈공단의 새로운 보훈복지 개념이 틀을 잡으려면, 정부 내에서 보훈복지에 대한 시각을 보다 깊이있게 정립할 필요가 있고, 정부 차원뿐 아니라 일반 국민들 사이에서도 심도있는 동의와 지원의식이 필요하다.

정부 차원에서는 참여정부가 추구하는 국정지표가 보훈복지로 귀결된다는 점을 인식해야 한다. 국회와 참여정부가 추구하는 역사바로세우기, 민족정통성 재정립 등은 최종적으로 보훈철학, 보훈체계, 보훈복지의 완성이라는 보훈업무의 혁신으로 나타난다. 이러한 상관관계를 정부정책 입안가들이 깊이 인식해주기를 진심으로 바란다.

또 한편 국민적 차원의 인식전환과 지원도 필수적이다. 보훈업무와 관련한 주체들의 새로운 각오와 노력도 필요하지만, 국민적 차원의 동의와 지지야말로 보훈이 뿌리내릴 수 있는 토양이고 밑거름이다. 6월은 호국보훈의 달로 국민적 캠페인이 벌어지고 있다. 그리고, 3·1절, 8·15, 6·25, 5·18 등 현대사의 주요 고비를 이루었던 사건마다 기념식과 여러 가지 행사를 벌이고 있다.

그러나 무언가 우리 사회에서 호국충절의 의혼에 대한 존경심과 관심이 부족하다는 느낌을 지울 길이 없다. 첨예한 정치권의 대립, 부정부패 만연에 대한 혐오감, 그리고 서민경제의 어려움 등으로 사회적 관심이 분산되어짐을 느낀다. 행사들은 의례적이고 상투적인 연례행사로 국한되고, 참가자들만의 행사로 진행된다는 느낌이다.

보훈처 통계에 의하면 국민들이 보훈업무는 인식하고 있으나, 보훈행정, 보훈단체에 대한 긍정적 인식은 낮은 편이며, 더욱이 본인의 직접 참여도는 더욱 낮은 편이다. 뭔가 전사회적 차원의 보훈의식 제고가 필요한 상황이다.

인터넷시대, 글로벌시대, 문자시대에서 영상시대로 변화하는데, 보훈의식은 시대의 흐름을 따라잡지 못하고 있다. 보훈단체, 보훈행정부서, 보훈공단을 비롯한 모든 주체들이 국민의 따듯한 사랑과 존경을 받을 수 있는 보훈이 되도록 적극적 분발이 요청된다고 할 것이다.

보훈복지정책의
혁신비전

제5장 새로운 수익사업 모색 : 고령친화사업에 주력하자

- 고령친화사업의 현실과 조건
- 정부의 정책방향
- 공단의 잠재력과 경쟁력

새로운 수익사업 모색 : 고령친화사업에 주력하자

고령친화사업의 현실과 조건

보훈공단의 기존 수익사업구조(복권 제외)가 목적사업을 위한 재원조달에 의미있는 기여를 하지 못한다는 사실은 앞에서 충분히 설명했다. 어떻게 보면, 국가보훈사업을 하는 데 수익사업을 할 필요가 있느냐는 근본적 질문이 있을 수 있다. 실제로 미국과 유럽 각국의 경우 수익사업보다는 국가가 예산으로 부담하는 복지 차원에서 이루어지고 있다.

그러나 나라에 따라 예산이나 기금 외에 수익사업을 허용하여 보훈복지기금 조성과 고용기회 창출에 적극 나서기도 한다. 대만이 대표적 경우인데 나중에 자세히 설명하겠다.

한국의 경우 정부 예산의 빠듯함을 고려할 때, 예산에 보훈복지를 전적으로 의존한다는 것은 실현 불가능한 발상으로 보인다. 정부의 공적 예산(기금 포함)에 얽매이다보니 보훈복지가 시대 발전과 노령화를 따라가지 못하는 지체현상을 보이고 있다는 것도 앞에서 충분히 설명했다.

여기서 의미있는 수익사업을 찾는 노력과 정책이 필요하다. 그것은 두 분야로 나누어 고찰할 수 있다. 민간기업과 경쟁하는 분야와 정부의 사업권 허용을 바탕으로 한 수익사업이다. 이 장에서는 우선 민간기업과 경쟁할 수 있는 수익사업을 찾아본다.

정부에서는 최근 고령친화사업 육성책을 적극 발전시키고 있다. 이는 노인복지를 소비적, 지출적 관점에서만 볼 것이 아니라 생산과 유통의 새로운 산업의 창출이라는 면에서 적극적으로 사고해야 한다는 문제제기다.

특히 2010년부터 한국전쟁 후 태어난 베이비붐 세대가 본격적으로 은퇴하는 시기에 접어들면 현재의 노인층과는 전혀 다른 특성을 가진 노령세대가 출현한다. 이 세대는 자동차, 영화, 주택산업 활성화의 주역으로 한국사회에서 최대의 단일소비 주도층이 될 것으로 예측된다.

또 이들은 컴퓨터 세대로서 첨단제품을 선호하며, 정보통신을 적극 활용할 것으로 보인다. 높은 교육과 경제수준을 지닌 세대로서 처음으로 국민연금을 포함한 노후대비를 갖춘 세대다. 가치관에 있어서도 서구적이며 개인주의적 가치관을 가지고 있다.

이에 따라 공적 차원의 노인복지제도뿐 아니라 민간수익사업으로서 고령친화사업의 영역이 만개할 것으로 전문가들은 보고 있다.

이 시장의 규모는 자료에 따라 조금씩 다르지만, 2002년 6.4조원, 2010년 30.5조원, 2020년 115.7조원에 달할 것으로 예측된다.

2005년 1월 21일 대통령 직속 고령화및미래사회위원회는 고령친화사업을 육성 발전시키기 위한 포괄적 계획을 천명했다. 고령친화사업이란 고령자의 생물학적 노화 및 사회경제적 능력 저하로 발생한 수요를 충족시키기 위한 사업으로 고령친화라 함은 실제로 노인이 편리하면 모든 사람도 편리하다는 취지 하에 노인의 선호(편리성과 안전성)를 우선적으로 고려한다는 뜻이다.

현재 주 수요자는 고령자(65세 이상) 및 주 수발자이며 장래 주 수요자로 베이비붐세대(1953~1963년생)가 있다. 베이비붐 세대는 총 1,007만명(남자 510만명, 여자 497만명)으로 전체 인구대비 21.0%를 차지하고 있다.

고령친화사업의 특성을 살펴보면, 이는 국가 차세대 성장 동력산업으로서 수익성과 함께 특히 정부의 적극적인 역할을 통한 시장 활성화를 추진한다고 한다. 수급의 관계가 수익자 부담을 기초로 하는 시장경제원리를 따른다는 측면에서 노인복지와는 차별화된다. 그렇지만 신체적, 사회적, 경제적으로 취약한 노년층을 대상으로 하기 때문에 이익만 추구해서는 안되고, 노인의 안전과 권익도 보장될 수 있도록 공적인 측면도 강하다. 이 점에서 공적부조대상자들에게 정부가 상품, 서비스를 우선적으로 구매하여 시장을 활성화할 필요성을 인정하고 있다.

앞으로 고령친화사업 전반에 걸쳐 큰 시장규모가 형성되겠지만 산업구조는 다양하고 변화에 민감한 '세분화된 소형 시장의 합'으로 구성될 것이다. 따라서 '소품종 대량생산'에 적합한 대기업에 비해 '다품종 소량생산'의 중소기업에 적합한 산업으로서 내수확산과 고용창출에 기여할 것으로 기대하고 있다.

도표 1. 일본의 실버산업 분야

	품목	참여업체	특징
식생활	• 기능보완형 : 의료식, 노인식 등 • 건강유지형 : 저염간장 · 된장, 저지방유, 저칼로리쥬스, 소맥배아유, 약초주 등 • 기호대응형:일본풍 치즈 · 드레싱 • 전통중시형 : 명과 · 절임야채 등 • 고급지향형 : 생선회 간장, 일류 레스토랑, 호텔의 반찬류	티쇼크, 기코만, 메이지유업, 토라야, 다이안, SB식품, 롯데, 큐피 등	고령화로 인한 신체적인 약화를 보완 및 보강, 건강의 유지와 노인의 기호에 맞추어 개발
의생활	작업복, 원터치 내의 , 고령자용 내의, L자 사이즈 의류, 특수건강 내의 등	와코루, 다이에, 군제카시와야 등	착용이 간편하며 고급 소재를 사용하여노년층 소비자의 욕구에 맞춤
주생활	노인홈, 실버용 맨션, 실버용 커뮤니티, 실버용 호텔, 실버용 스테오 보청기, 건강침구, 병약자용 욕조 등	일본노인복지재단, 미사와홈, 일본건강관리사업단, 일본신판, NTT, 소니, 토토	종신입금제 또는 분양 방식, 병원과 인접 건물 내의 의료시설, 보통 경치좋은 지역에 건설
여가 생활	고령자에게 혜택을 주는 각종 국내외 여행상품, 문화센터의 일본화 · 수묵화, 서도, 분재강좌, 게이트볼, 여행 등	국가 철도회사 항공사	여행 코스가 여유있으며 고급호텔, 고급식사, 세심한 배려

* 참고자료 : 일본의 노인복지산업은 재가(在家)복지부문과 시설복지부문으로 크게 양분되어 추진되고 있다. 분야별로는 주거관련사업, 의료관련사업, 여가관련사업, 일상생활관련사업으로 분류한다.

이러한 분석을 기초로 동 위원회는 국제경쟁력, 시장매력도, 공공성을 기준으로 60개 고령친화품목 중 19개의 전략품목을 선정하였다.

정부의 정책방향

2002년 7월 국무총리실 노인보건복지대책위 종합계획 중 '실버산업 활성화방안'에 관한 첫 검토가 이루어지고, 2004년 1월 제35회 국정과제보고시 추진과제로 제안되고, 2005년 관련예산 일부가 복지부, 산자부 등에 반영되었으나 청사진이나 구체적 계획은 아직 준비단계였다.

그러다가 대통령 직속 고령화및미래사회위원회는 2005년 1월 21일 '고령친화활성화대책'이라는 보고서를 대통령에게 보고하고, 향후 고령화사회에 대한 정부대책의 기본골격을 선보였다.

한국사회가 2004년 65세 이상 노령인구 7%, 2007년 노인요양보험, 2008년 전국민 연금급여 및 2만불 진입, 2010년 베이비붐세대 은퇴, 2018년 고령사회진입(14%), 2020년 베이비붐 세대 노인인구 편입 등의 시간표를 예상하고 이에 부응하는 대비책을 짜고 있다.

단계적 추진 계획을 보면, 2005년 비전과 행동계획을 마련하고, 2006년 제도정비를 거쳐, 2007년 표준화, 안전문제를 해결하고, 2008년 고령친화산업 초기생산단계를 거쳐 2010년 양산체제의 성숙기로 접어드는 일정표다.

이 첫걸음으로 관련 정부부처가 합동으로 올해중 고령친화산업지원법(가칭) 제정 및 이를 통한 표준화, 안전기준 및 소비자 보호 등 마련할 계획을 진행중이다.

2005년 스케줄을 보면, 상반기에 관련기업, 언론 대상, 위원회, 관련부처 등이 공동발표회를 갖고, 관련 R&D 예산 지원체계를 정비하고, 산학연 합동연구체계를 구축할 것이다.

정부는 모태 실버산업의 범주로 8개 분야 19개 전략품목을 선정했는데 아래와 같다.

도표 2. 19개 전략 품목

	19개 전략 품목
요양산업	재가요양서비스
기기산업	재택/원격진단/진료 및 휴대형다기능건강정보시스템, 한방의료기기, 간호지원 및 실내외이동지원시스템
정보산업	홈케어, 정보통신보조기기, 노인용 콘텐츠개발
여가산업	고령친화휴양단지
금융산업	역모기지제도, 자산관리서비스
주택산업	고령자용주택개조, 실비 고령자용 임대주택
한방산업	한방보건관광, 항노화한방기능성식품, 노인용한방화장품, 노인성질환한약제제 개발
농　업	고령친화귀농교육, 전원형 고령친화농업테마타운, 은퇴농장

실버산업 전문가에 의하면 현재 한국의 실버산업은 초기 걸음마

단계라 한다. 삼성의 노블카운티(용인), 송도병원의 시니어스 타워(서울, 분당 등)이 가장 유명하다. 이 두 회사의 실버타운은 상류층을 타깃시장으로 하고 있다.

중소기업이 주도하는 실버타운도 곳곳에서 선보이고 있지만, 최근 텔레비전뉴스나 신문보도를 통해 부작용이 많이 보도되고 있다. 대부분의 노인복지시설이 재정적자로 고통받고 있다고 한다. 낮은 입소요금, 정책지원 부족, 운영경험부족, 시설계획상의 문제 등으로 적자를 낸다는 것이다. 또 노인복지라는 명분하에 짓고서는 일반 분양 아파트로 전환하는 악덕업자도 나타나곤 한다.

실버산업에서 실버타운의 비중은 60% 정도라고 보는데, 지금까지 상류층을 타깃으로 한 실버타운은 어느 정도 성공하고 있지만, 중류층이하 서민용 실버타운은 아직 자리를 잡지 못한 상태다.

실버타운의 경우 몇 가지 조건이 있다. 대체적으로 도심에서 멀리 떨어진 교외에 건설하면 실패하는 경우가 많다. 선입견과는 달리 대부분의 노인이 교외에서의 전원생활보다는 도심에서 살기를 원하고 있다. 생활의 편리성, 응급시 이동편의성, 또 친인척이 쉽게 오갈 수 있는 것을 바란다는 것이다. 또 의료시설과 얼마나 효과적으로 연계되었는지도 주요 요소다. 공신력 역시 중요하다.

미국에 비하면 우리 정부의 정책 지원은 아직도 미흡하다. 미국은 민간부문이 실버타운을 조성할 경우 정부 소유의 땅을 거의 무상으로 불하해 주거나 민간업자들이 쉽게 은행돈을 빌릴 수 있도록 연방

정부가 신용보증을 하는 등 적극적인 지원을 하고 있다. 은행도 실버타운 사업자의 신용과 사업전망만을 평가하는 전문팀이 구성되어 있을 정도다.(「매일경제신문」, 2004 신한국 경제보고서)

향후 정부의 육성정책이 구체화되면, 실버산업은 급속히 발전할 것이다. 그러나 자칫 잘못하면 정부의 육성책이 외환위기 직후의 벤처붐처럼 속빈 강정을 많이 초래할 수도 있다. 단순히 이윤추구만을 앞세우는 실버산업이 난립한다면 기업이나 대상자 모두에게 바람직스럽지 않은 결과가 올 수 있다고 전문가들은 경고하고 있다. 앞으로 조심스럽게 지켜보아야 할 대목이다.

공단의 잠재력과 경쟁력

공단이 그 동안 축적해온 노하우와 자원은 고령친화사업의 소중한 자산으로 활용될 수 있다. 공단은 전국 5대 도시에 2,510병상(2009년에는 3,290병상)을 가지고 있고, 유공자 대부분이 고령자이기 때문에 노인질환에 대한 풍부한 진료경험과 자료를 축적하고 있다. 2006년중 광주 구병원 부지(약 4,000평)을 노인전문 요양시설로 리모델링하는 것을 시발로, 2007년까지 전국 5대도시에 요양시설 건립을 추진하고 있다. 이리하여 5개 병원을 거점병원으로 육성하여 요양시설과 재가복지서비스의 네트웍으로 확장할 플랜을 짜고 있다.

고유 목적사업인 보훈복지를 추진하면서 동시에 그 노하우와 자산을 고령사회에 대비하는 고령친화사업으로 병행 발전시키는 것은 자연스러운 진화과정이라 하지 않을 수 없다. 정부 차원에서도 고령친화사업을 적극 육성하겠다는 방침을 갖고 있기에 보훈공단의 입장에서 보면 고령친화사업에 진입하는 것은 공익적 측면이나 공단 재정사업 측면에서 윈윈전략이라 하지 않을 수 없다.

이런 점을 감안하여 2005년 4월 보훈처는 공단이 실버산업 임대사업을 수익사업으로 추진할 수 있도록 승인하였다. 민간기업과 경쟁해야 할 고령친화사업에서 공단이 갖고 있는 장단점을 분석하면 다음과 같다.

전문가들이 분석하는 공단의 경쟁력은 이러하다.

1. 공단은 의료지원시스템을 갖고 있다. 삼성이나 송도병원 모두 병원조직을 모태로 실버산업을 시작했다는 점을 주목한다면, 병원과의 연계 시스템은 실버산업의 기본이다. 대부분 중소기업들의 실버타운이 인근지역의 병원과 제휴한다. 그러나 이에 대한 공신력은 미흡하다. 그런데, 공단은 이미 5개 병원을 갖고 있고, 최첨단 진료시설과 우수한 인력을 보유하고 있다. 그리고 위급상황이 발생하면 즉각 대처할 수 있는 능력을 갖추고 있다.

2. 공단은 높은 공신력을 갖고 있다. 사실 이것이야말로 눈에 보이지 않는 가장 중요한 자산이다. 공단은 유공자를 모시는 서

비스에 진력해 왔고, 이것은 2005년 공공기관 고객만족도 우수기관으로 선정되는 것으로 입증되었다. 국민들의 입장에서 볼 때, 인생 마지막 목돈을 맡기는 실버타운이 혹시 나중에 도산하거나 부도난다면 이보다 더 황당한 일은 없을 것이다. 또 하자보수, 지속적 의료서비스 제공 등의 믿음이 뒷받침되지 않으면 안심할 수가 없을 것이다. 많은 민간기업들이(심지어 대기업조차) 서비스의 품질 수준에 대해서 기업의 장래에 대한 불안감을 해소시키지 못한데 비해 공단은 투명한 경영과 공기업으로서의 공신력으로 투자자와 고객에게 신뢰감을 줄 수 있다. 고령친화사업이 엄청난 잠재력이 있는 사업분야로 인식되면서 투자자의 의욕을 자극하면서도 동시에 움츠리게 하는 요소가 사업주체의 공신력을 확신하지 못한 데서 나온다는 사실을 감안하면 이것은 공단의 큰 장점이다.

3. 공단은 민간기업에 비해 또 하나의 경쟁력을 갖고 있다. 국가를 상대로 한 계약법에 의해 공단은 수의계약권을 비롯한 다양한 접근권을 갖고 있다. 국유지, 군부대지, 기타 부지 마련이나 행정적 추진과정에서 민간기업이 따라올 수 없는 공기업으로서의 경쟁력을 갖고 있다.

4. 또 하나 공단의 강점은 구매력있는 시장을 확보하고 있다는 점이다. 저소득 유공자를 위한 보훈복지 차원의 요양시설과는 별도로 경제력을 갖춘 유공자의 경우 주거와 삶의 질 문제에

대한 관심은 매우 크다. 따라서 공단이 일반 노인을 대상으로
하되 유공자나 보훈대상자에게 일정 정도 할인을 적용하게 될
경우 시장 확보에서 큰 강점을 안고 출발하게 된다.

정부에서 모태실버산업의 범주로 선정한 8개 분야 19개 전략품목
중 공단이 1차적으로 경쟁력을 가질 수 있는 분야는 주택산업과 요
양산업, 기기산업일 것이다. 2차적으로는 여가산업, 금융산업 등을
중장기적으로 검토해야 한다. 현재 보훈처로부터 실버산업 중 임대
사업은 공단의 수익사업 분야로 적합하다는 승인을 득한 상태다.
나머지 분야는 앞으로 진행하면서 추진여부를 검토해야 할 것이다.

- 1단계 : 공단차원의 태스크포스를 구성하여, 외부 전문가와
  합동으로 고령친화사업추진단을 구성해야 한다.

- 2단계 : 추진단에서 마스터플랜을 짜야 한다. 어느 업종과 분
  야에 진출할 것인지, 필요한 사항은 무엇인지를 포괄하는 마
  스터플랜을 짜야 할 것이다.

- 3단계 : 추진방식을 결정해야 한다. 공단이 직접 주관할 것인
  지, 독립법인을 자회사로 만들어 추진할 지, 그렇지 않으면
  외부 전문회사에 일괄 위탁하는방법을 택할 지.

- 4단계 : 금융조달방식을 결정해야 한다. 수익사업의 경우 원
  칙적으로 공단자체조달, 금융부채 차입, 프로젝트화이낸싱 방
  식 등등에서 선택해야 할 것이다. 어느 경우나 공단의 현실적

조건을 감안하여 최저 리스크 방식과 성공률을 높이는 방안을
고민해야 할 것이다.

보훈복지정책의
혁신비전

제6장 재원조달 방안 제안

- 우리의 현실
- 외국의 사례 : 대만의 보훈부(V.A.C)
- 안정적 재원확보를 위한 제안

재원조달 방안 제안

우리의 현실

컨버전스형 보훈복지를 실천하려면 실탄이 있어야 한다. 그런 점에서 보훈제도의 역사가 오래된 외국의 경우도 다양한 방법으로 재원 조달책을 허용하고 있다.

외국의 사례에 대해서는 다음 장에서 설명하고, 일단 우리의 현실에 대해서 간단히 재론해 보자. 앞장에서 보훈공단의 수익사업에 대해 설명한 바 있다. 유통사업, 봉제사업, 건제목제 사업, 복권사업 등으로 구성되어 있다. 앞의 3개 사업은 조직운영비 정도 건지는 정도이고, 보훈사업의 재원으로는 기능을 하지 못하고 있다. 너무나 영세한 규모여서 장래성을 갖지 못한 사업이다. 복권사업의 경우 2004년 5월부터 총리실 산하 복권위원회로 통합되면서 정부 사업으로 일원화되었다.

복권만이 의미있는 자금원이 되고 있다. 로또 수익금의 경우 10

개 복권발행기관이 수익금의 30%를 일정률로 나누어 배당받고, 나머지 수익금의 70%는 복권위에서 자체적인 원칙으로 매년 심사하여 배당하고 있다. 2004년 545억 원, 2005년 494억 원을 배정받았다. 문제는 자체 발행해온 플러스플러스 복권이 악전고투하고 있는 점이다. 로또 이외의 복권이 워낙 판매가 어렵자 여론의 압력도 있고 해서 총리실에서도 원래 계획이었던 5년을 기다리지 않고 조기 복권정비(판매율 30% 이하) 계획을 세우고 있는 것으로 전해지고 있다.

외국의 사례 : 대만의 보훈부(V.A.C)

우리의 국가보훈처라 할 수 있는 대만의 V.A.C(退易官兵補導委員會)는 1950년 초 국가방위를 위한 전투력의 증강을 위해 내각에는 V.A.C.R.S(Vocational Assistance Commission for Retired Servicemen)로 설립하여 운영하다 1954년 11월에 총통의 지시로 V.A.C(Veterans Aftairs Commission)로 개명하여 대통령(총통) 직속 위원회로 오늘날까지 운영되고 있다.

V.A.C는 연 정부예산의 9.48% 상당의 정부지원 예산과 현재 보유하고 있는 424억(대만$, 한화 약 1조 5천억 원)의 복지기금과 438억(대만$, 한화 약 1조 6천억 원)의 의료기금으로 운영하고 있어 그 규모나 국책기관으로서의 활동을 짐작케 한다.(각종 통계는

2001년치)

V.A.C의 기금을 살펴보자. 우선 복지기금(대만$ 424억)은 그 가족의 取醫(Medical Care), 取養(Nursing Home Care), 그리고 교육비 보조(取學 : Educational Assistance)에 목적을 두고 1959년에 설립하여 최초기금 대비 200배 신장을 가져왔으며, 1983년 이후 법령으로 정한 3명의 기금관리위원회(V.A.C 6명, 행정원, 경제부, 국방부 각 1명)를 구성하여 관리하고 있다.

특히 V.A.C는 복지기금 수입 증대를 위하여 16개의 회사를 설립하여 36개의 민간회사들로 하여금 주주로 참여시켜 운영하고 있다. 1970년대 초부터 우리나라 현대건설 규모의 건설회사로 성장하여 대만 국책건설(장개석 공항 및 기념관, 고궁박물관 등)을 완성하였고, 현재는 동서관통 고속도로와 댐 공사를 맡아 추진하고 있다.

또한 V.A.C의 의료기금(대만$ 438억)은 3개의 英民總醫院의 설립자금 마련 및 1995년부터 전국민 의료보험이 성립되어 英民의 의료혜택 및 자립목적으로 1995년 의료기금위원회를 설립하여 운영하고 있다.

의료기금의 수입과 용도는 다음과 같다.

- 기금의 수입 : 국가지원 예산, 의료수입, 교육기관에서의 수입, 기부금, 의지창 수입, 기금의 이자수입
- 기금의 용도 : 병원 운영비, 교육연구비, 의지창 운영비, 일반 관리비

안정적 재원확보를 위한 제안

필요한 복지수요를 구체적으로 산출하여 향후 몇 십년동안 어느 정도의 재원이 필요하다는 구체적 대안을 앞세우지 못하는 딱한 사정은 앞에서 설명했다. 언젠가는 구체적 수치를 바탕으로 대안을 제시할 때가 오기를 희망한다. 이런 상황을 감안하고 라서도, 안정적 재원조달의 중요성은 말할 필요도 없을 것이다. 몇 개의 제안사항을 필자의 아이디어 차원으로 제시해 본다. 앞으로 여론의 지지와 정책당국자의 지원을 적극 호소할 계획이다. 3가지만 우선 살펴보자.

- 고령친화사업 : 앞 절에서 충분히 설명하였지만, 고령친화사업을 수익사 업으로 발전시켜 나가야 한다.
- 복권배당금 확대 : 로또 수익금중 70%는 국가유공자 복지사업과 도시저 소득층의 임대주택사업 등을 지원하는 용도로 쓴다고 법에 규정되어 있 다. 따라서 복권수익금 중에서 보훈복지 분야에 얼마나 쓰느냐 하는 것은 정부의 철학과 정책적 판단에 달려있는 문제다. 사회보장제도는 다양한 기금과 정책적 수단이 있지만, 보훈복지 재원은 고정재원이 없다는 것을 감안하여 폭증하는 복지수요를 감당할 수 있는 과감한 정책적 결단이 필요하다.

[참고자료 복권및복권기금법]

제23조(복권기금의 배분 및 용도) ①매년 복권수익금 가운데 100분의 30은 다음 각호의 기금 등에 배분하되, 그 배분비율은 대통령령으로 정한다.

1. 과학기술기본법 제22조의 규정에 의한 과학기술진흥기금

2. 국민체육진흥법 제18조의 규정에 의한 국민체육진흥기금

3. 근로자복지기본법 제47조의 규정에 의한 근로자복지진흥기금

4. 주택법 제60조의 규정에 의한 국민주택기금

5. 중소기업진흥및제품구매촉진에관한법률 제41조의 규정에 의한 중소기업 진흥 및 산업기반기금

6. 지방자치단체

7. 제주국제자유도시특별법 제71조의 규정에 의한 제주도개발사업특별회계

8. 사회복지공동모금회법에 의한 사회복지공동모금회

9. 산림법 제104조의 규정에 의한 산림환경기능증진자금

10. 한국보훈복지의료공단법에 의한 한국보훈복지의료공단

② 생략

③ 나머지 100분의 70은 다음 각호의 1에 해당하는 사업에 사용한다. 다만, 제5호의 사업에 사용되는 복권기금은 그 비율을 100분의 5 이내의 범위로 한다.

1. 임대주택의 건설 등 저소득층의 주거안정 지원사업

2. 국가유공자에 대한 복지사업

3. 저소득층·장애인 및 성폭력·가정폭력·성매매 피해여성 등 소외계
   층에 대한 복지사업
4. 문화·예술진흥 및 문화유산보존사업
5. 공익사업으로서 대통령령이 정하는 사업

도표 1. 2005년도 복권기금 기관별 배분내역

단위 : 억원

분야별	배분처	금액	배분·지원 내역
사업비 합계		10,377	
30/100 배분사업 (제23조①)	9개 기존 복권발생 기관	3,186	• 학기술진흥기금(468) • 국민체육진흥기금(386) • 근로복자복지진흥기금(197) • 중소기업진흥·산업기반기금(236) • 지방자치단체(642) • 제주도특별회계(642) • 사회복지공동모금회(159) • 산림환경기능증진자금(217) • 보훈복지의료공단(239)
	계	7,191	
지 원 사 업	임대주택 등 주거안정 지원	건설교통부	4,846	• 국민임대주택 건설(4,846)
	국가유공자 복지사업	국가보훈처	379	• 지방보훈병원 재활시설(25) • 보훈병원 의료장비 구입(162) • 보훈병원 의료시스템 구축(50) • 중상이 국가유공자 전동의자차 공급(18) • 광복회관 개보수 사업(30) • 중상이자 주택편의이설 설치(16) • 종합보훈복지센터 건립(108)

도표 1. 2005년도 복권기금 기관별 배분내역

단위 : 억원

분야별	배분처	금액	배분 · 지원 내역
장애인, 저소득층, 여성 등 소외계층 복지사업	보건복지부	864	• 결손가정 등 저소득층 복지사업 (405) • 미신고 사회복지시설 지원(264) • 아동보호 지원(156) • 주거인정(39)
	노동부	129	• 장애인 영업장소 지원(100) • 외국인 근로자 종합지원센터 (7) • 장애인 보조공학센터 건립(22)
	여성부	111	• 가정, 성폭력 피해자 보호(41) • 가정폭력 교정 및 치료(55) • 성매매 피해자 구조 지원(2) • 증장기 쉼터 등 운영지원(13)
	소 계	6,329	
문화예술 진흥 및 문화유산 보존	문화관광부	498	• 문화의집, 문예회관 등 문화 프로그램(274) • 소외지역 문화순회 사업단(10) • 아동복지시설 문화예술교육 지원 (35) • 저소득주민, 농어민대상 문화환경 조성(11) • 기타 문화예술 지원 등(168)
	문화재청	164	• 유형문화재 보존사업(124) • 무형문화재 보존사업(40)
	소 계	662	
재난구호		200	

총 수입금 11,125억원, 배분액 10,377억원, 잉여재원 748억원

- 카지노 수익금 배당 : 문화관광부에서는 한국관광공사가 운영을 책임지는 카지노를 2006년 상반기까지 서울 2곳, 부산 1곳을 설치 운영할 계획이다. 현재까지 알려진 바로는 카지노사업 수익금을 관광인프라를 구축하기 위한재원으로 사용하려고 관계 법령 등을 정비하는 것으로 알려져 있다. 미국에서도 인디안 보호구역에 카지노를 허용하는 등 사회적 약자를 배려하는 제도로 활용하고 있다. 카지노 수익금의 일부를 보훈복지 사업에 허용하는 방식도 검토할 만하다.

- (가칭)방위사업청 수입획득물자 A/S 대리점 : 참여정부 들어와 그동안 비리복마전으로 악명높던 방위획득사업을 획기적으로 개혁하고 있다. 방위사업청을 독립시켜, 독립성과 전문성을 높이면서 어두운 비리의 근거를 없애고자 노력하고 있는 것이고 역대 정권마다 무기도입을 둘라싼 리베이트로 큰 파문이 일어난 것은 모두가 알고 있는 바다. 제도의 쇄신과 투명성 강화로 이전과 같은 검은 거래를 최소화하는 것은 중요한 과제라 할 것이다.

그런데, 여기서 제안하고 싶은 것은 향후 자주국방력 강화를 위한 엄청난 규모의 무기도입이 계획되어 있는데, 이 과정에 보훈복지와 같은 명분있는 사업의 재원을 조달할 수 있는 제도적 통로를 열어주는 것이 바람직하지 않나하는 제안이다.

하나의 아이디어를 내면, 비행기, 함정, 유도탄, 정보종합시스템 등 외국에서 통째로 직수입하는 물량의 경우, 구입계약서 체결시 보훈공단에 A/S 대리점권을 부여했으면 한다. 보훈공단법 6조 7항은 목적사업을 위해 수익사업을 할 수 있고, 무역대리점을 개설할 수 있도록 규정되어 있다. 이것이 제도화되면, A/S 과정에서 발생하는 잉여이윤이 리베이트나 검은 자금으로 쓰이지 않고 명분있는 국가사업에 쓰여질 길이 열릴 것이라 생각된다.

보훈복지정책의
혁신비전

부록

- 영상문화사업 검토
- 한국판 노벨상 : '이순신상' 제정 제안

영상문화사업 검토

왜 해야 하는가?

영상문화사업은 공단이 수익사업의 견지에서 주력영역으로 집중해야 할 사업은 아니다. 그러나, 지금까지의 노동집약적 제조업에서 첨단 영상콘텐츠산업으로 다각화하는 것은 매우 중요한 상징적 의미를 담고 있다. 영상문화사업은 보훈복지와 관련하여 다층적 의미를 가진 사업영역이다.

- 영화, 인터넷 등의 콘텐츠 사업은 현재 가장 급속히 발전하는 영역이고, 특히 젊은층에 접근할 수 있는 영역이다. 보훈의 가치가 젊은층에서 가장 빨리, 쉽게, 효과적으로 전파될 수 있는 영역이다.
- 최근 우리나라의 국제적 위상이 높아지면서 우리것 찾기, 민족주체성 고양, 애국주의 등이 고양되고 있다. 따라서 보훈선양을 위한 가장 위력적인 방법이 문화콘텐츠를 통해 구체화되

어야 한다. 기존의 인쇄시대적 방법, 글짓기, 유적지탐방 등에서 한걸음 나아가 과감하게 인터넷, 영화, 캐릭터 등을 중심으로 하는 영상시대적 선양으로 나아가야 한다. 보훈의 중요성과 가치에 대한 국민적 동의가 높아질수록 우리 사회의 통합력과 결속력도 더욱 높아질 것이며, 우리의 사회적 자산도 깊어질 것이다.

- 보훈공단의 구조를 근대화할 필요가 있다. 보훈공단은 그 동안 국방부에 런닝셔츠, 주택공사에 아파트용 철제문짝 등을 납품해 왔다. 솔직히 한심하지 않을 수 없다. 보훈사업이 무슨 개인 차원의 이권사업도 아니고, 어떻게 이런 사업구조를 가지고 보훈복지를 하라고 했는지 이해하기 어렵다. 목적 가치에 봉사하지 못하고, 민간에 비해 경쟁력이 터무니없이 떨어지는 부문은 과감히 정리하고, 목적사업에 시너지 효과가 있으면서 시대 흐름을 탈 수 있는 업종으로 개편해야 한다. 최근 공기업혁신의 방향도 바로 이것이다. 한마디로 보훈수익사업의 '근대화'를 이루어내야 한다.

다양한 이민자와 문화적 배경을 가진 미국사회가 강력한 통합력과 구심력을 발휘하는 데는 헐리웃 영화를 빼놓고 이야기할 수 없다. 상업성과 결합된 미국의 애국주의는 관객을 즐겁게 할 뿐 아니라 국가에 대한 존경심과 시민으로서의 자부심을 한껏 고양시킨다.

⟨Pearl harbor⟩, ⟨A few good man⟩, ⟨Courage under fire⟩, ⟨Saving private Ryan⟩ 등 수많은 영화가 전쟁이나 군대를 소재로 삼아 전 세계에 미국적 가치를 확산시키고 있다.

우리나라의 경우도 최근 영화산업은 급속히 발전하고 있다. 헐리웃 영화의 공습에도 살아남은 세계적으로 희귀한 사례에 속한다고 한다. 최근의 한국영화의 경우 소재의 제한도 거의 없어지고, 기술적 능력도 매우 훌륭하다. 한국형 블록버스터로 꼽히는 ⟨태극기 휘날리며⟩, ⟨쉬리⟩의 경우를 보면, 우리도 상업성과 애국주의라는 두 마리 토끼를 잡는 것이 가능하다는 것을 느낀다.

안익태 선생을 예로 들면

필자는 우리가 가진 소재 중에서 글로벌 시장에서 통할 수 있는 소재 2가지를 특히 추천하고 싶다. 세계 해전사상 최고의 지휘관으로 평가받는 이순신장군과 애국가를 만드신 안익태 선생은 영화의 훌륭한 소재로 생각한다. 이순신 장군은 나중에 다른 기회에 설명하기로 하고, 안익태 선생을 소재로 한 영화 아이디어를 제안하고자 한다.

알다시피 안익태 선생은 식민지 조선에서 태어나 요한슈트라우스를 스승으로 삼아 독일과 스페인을 비롯한 구미각국을 누빈 세계 최고 수준의 지휘자였다. 그가 지휘한 악단만 하더라도 베를린 필하모닉, 비엔나필하모닉, 런던필하모닉 등 세계 최정상급의 교향악단이었다. 부인 로레타 여사는 백작의 따님이었다고 한다. 조선사람이었지만, 유럽문명의 최정점을 누빈 안익태 선생이야말로 우리나라 사람 가운데 구미시장에 먹힐 수 있는 콘텐츠를 가진 극소수 선각자의 한 분이다. 더욱이 이 분은 자신이 지휘하는 교향곡의 연주회 때마다 'Korea Fantasy'를 반드시 연주하였다. 조국에 돌아왔지만 뿌리내리지 못하고 다시 방황하는 말년의 인생조차 드라마틱하기 짝이 없다.

만약 보훈공단에서 영화 투자를 한다면 안익태 선생의 일생만큼 좋은 소재가 없으리라 본다. 모차르트를 배경으로 한 〈Amadeus〉, 독일의 홀로코스트를 소재로 한 〈Pianist〉 등을 기억할 것이다. 배용준같은 아시아 정상의 스타와 니콜키드만이나 르네젤위거같은 헐리웃 배우를 섭외하는 등 최고의 시나리오, 배우, 감독으로 팀을 짠다면 충분히 세계시장에 내놓을 수 있는 작품이 나오리라 기대한다.

접근방법

발상의 전환이 필요하다. 보훈하면 상이군경을 생각하고, 무언가 사회적으로 짐이 된다는 선입견이 아니라, 생동하고, 시대를 이끄는 정신적 가치를 생산하는 부문으로 인식되도록 만들어야 한다.

영화산업이 거론되는 근거는 이중적이다. 첫째는 수익성을 우선

시해야 한다. 그러면서 동시에 보훈선양이라는 가치와 연관을 가져야 된다. 수익성을 근본에 두면서 보훈선양이라는 부차적 목표도 달성할 수 있는 수단으로 이해해야 한다.

종합적인 문화콘텐츠 사업은 장기적인 과제로 설정하더라도 일단 영화사업을 우선적으로 검토할 수 있다고 본다. 아무런 경험이 없는 공단이 영화제작에 뛰어들 수는 없고, 우선은 투자조합의 일원으로 접근하는 방식을 생각해 볼 수 있을 것이다.

한국영화의 발전에도 불구하고, 전문가들의 조언에 의하면 아직 몇 개의 블록버스터나 흥행작을 제외하고 한국영화의 흥행성은 대단히 불가예측성이 높다고 한다. 10편 실패하다가 1편 성공하면 만회한다는 말이 있다. 공단의 입장에서 욕심부리지 않으면서도 발상의 전환을 가져볼 필요가 있다.

한국판 노벨상, '이순신상' 제정 제안

취지

이 프로젝트는 공단이 수익사업 차원은 아니고, 국민 캠페인 차원에서 제안하는 것이다. 일단 개인의 아이디어로 문제 제기해 본다.

일본의 도고제독(러일전쟁에서 러시아 흑해함대를 격파한 명장)이 "영국의 넬슨제독이 위대한 장군이지만, 군신이라는 칭호를 받을 정도는 아니다. 세계 해군사에 군신이라는 칭호를 받을 수 있는 장군은 조선의 이순신장군뿐이다"라고 평한 바 있다.

이순신 장군은 한국역사상 국내외적으로 공인된 세계 최고수준의 글로벌 스탠다드를 이룩한 유일한 위인이다. 오늘날 삼성전자를 비롯한 한국의 기업들이 세계무대를 누비고, 세계적 기업으로 성장하고 있다. 그렇다고 삼성전자가 세계최고의 기업은 아니다. 이순신이야말로 한국인 중에서 글로벌 스탠다의 콘텐츠를 가진 귀중한 국가적 자산인 것이다.

특히 최근의 연구에 의하면, 이순신은 단순한 해군사령관이 아니라 탁월한 리더십의 소유자였음이 속속 밝혀지고 있다. 21세기 디지털시대의 창조적 리더십의 관점에서 분석해 보아도 교훈과 모델이 될 수 있는 콘텐츠를 갖추고 있다는 것이다.

노벨은 자신이 만든 다이너마이트가 대량살상무기로 사용되는 것에 충격을 받아 자신의 전 재산을 헌납하여 인류의 평화와 복지에 기여한 사람들에게 수여하는 노벨상을 만들었다. 노벨상의 의의는 말할 것도 없고, 그 국제정치적 영향력과 효과는 이루 말할 수 없다. 스웨덴과 노르웨이를 합쳐도 노벨상의 브랜드 가치가 그보다 못하다고 할 수 없을 것이다.

한민족도 이순신의 위대성을 국내적 자산으로만 활용하지 말고, 지구적 자산으로 확장하는데 상상력이 미쳐야 한다. 이순신의 리더십, 공직자상, 창의성, 평화상 등을 기리고 확산하는 국제적 규모의 상을 만든다면, 코리아의 브랜드 가치를 키우는데 이만큼 좋은 소재가 없다고 필자는 확신한다.

노벨상 개요

참고로 노벨상은 다이너마이트 발명자 노벨이 1895년 11월 27일 그의 유언에서 유산 3,100만 크로네(SEK)를 인류복지에 가장 공헌한 사람들에게 나누어 주도록 스웨덴의 왕립과학아카데미에 기부하여, 이 유산을 기금으로 노벨재단을 설립하고 기금이자를 상금에 충당하는 방식을 택하여 1901년부터 수여하게 되었다.

노벨상은 물리학, 화학, 생리의학, 문학 및 평화, 경제학의 6개 부문으로 나누어 매년 10월과 11월에 수여한다. 수상자 선정은 전해 초가을부터 각 부문 당 1,000명씩 총 6,000여 명에게 후보자 추천을 요청하여 그 다음해 2월 1일부터 추천 후보자들을 대상으로 9~10월 초 사이에 물리학과 화학상은 스웨덴 왕립과학아카데미, 생리의학상은 스톡홀름에 있는 카롤린 의학연구소, 문학상은 스웨덴·프랑스·에스파냐의 세 아카데미, 평화상은 노르웨이 국회가 선출한 5인 위원회가 선정작업에 들어가 11월 15일까지는 최종 수상자를 결정토록 하고 있다. 1969년부터 경제학상이 추가 되었는데, 이상은 노벨기금과는 별도로 1968년 스웨덴국립은행의 창립 300주년 기념사업의 일환으로서 제정된 것으로 스웨덴 왕립과학아카데미에서 수상자를 선정한다.

노벨상은 금메달과 상장, 노벨재단의 수입에 비례해 책정되는 일정액의 상금으로 구성되며, 부문별로 수상자가 2명이상일 때에는 인원 수에 비례하여 지급한다. 상금은 1901년 최초 150,782 SEK씩 지급을 시작해서 2004년에는 미화 140만불을 지급했다.

노벨재단은 스웨덴의 스톡홀름에 본부를 두고 7명의 정회원과 2명의 준회원으로 구성된 이사회가 재단을 운영하고 있다. 회원자격은 스웨덴인 혹은 노르웨이인이어야 하고, 노벨상 수여기관의 임원들에 의해 선출되며, 이사장은 정부에서 임명하고 있다.

이사회는 기금을 잘 관리하여 이윤을 극대화하는 것을 가장 큰 목표로 하며, 노벨상의 상금은 여기에서 얻는 소득으로 충당되며, 생리·의학, 문학, 화학, 물리학, 평화 등 5개의 부문에 지급되는 상금액수는 그 해 수상자의 수나 수입액의 변동에 따라 달라진다. 스웨덴 국립중앙은행이 1968년 설립 300주년 기념사업으로 신설, 노벨재단에서 관리하며 1969년부터 시상하는 경제학상은 중앙은행에서 그 상금을 부담한다.

2000년 1월부터 노벨재단은 자산을 매각하여 얻은 자본이득도 상금으로 전용하는 것이 가능해졌다. 알프레드 노벨의 유언에 따르면 오직 직접 수익(이자나 배당금같은)만 상금으로 사용할 수 있었다. 이전까지는 주식매매를 통해 얻은 자본 이득은 상금으로 사용할 수가 없었다.

새로운 규칙에 따르면, 재단의 자산 매각을 통해 얻은 수익도 장기적으로 적절한 수상 능력을 유지하는데 지장이 없는 범위 내에서 시상식 행사와 일반적인 경비로 사용할 수 있다. 이러한 규약 개정은 노벨상이 가치가 떨어지는 것을 막기 위해 필요한 조처였다. 노벨재단은 또한 자산 중 어느 정도를 주식에 투자할 것인지도 결정할 수 있다. 장기적으로 볼 때 이것은 더 많은 자산을 주식에 투자함으로써 높은 수익을 올리고, 노벨상의 상금을 올리는데 기여할 것이다.

※ 2004년 12월 31일 시장가격에 투자된 총자본은 2,966백만크로나(대략 USD 450백만)이고 스웨덴 자산 59% 기타 일본 등 각국의 투자가 41%이다.

추진방법

2005년 5월 3일 노르웨이 출신 사업가가 제2의 노벨상을 만든다는 보도가 있었다. 물리학자이며 사업가인 프레드카블리는 2년마다 천체물리학, 신경과학, 나노공학 등에서 100만 달러의 상금을 시상하는 상을 만들 계획이라고 한다.

그는 단돈 300달러를 들고 1955년 노르웨이를 떠나 미국 캘리포니아에서 항공기 비행통제용 센서를 만드는 카블리코사를 운영하다 2000년 회사를 3억 4천만 달러에 팔고, 그 매각대금을 10군데의 과학연구소 지원에 사용해 왔는데, 제2 노벨상 기금도 여기서 나올 것이라 한다.

노벨상이든 제2 노벨상이든 대체로 3억불에서 5억불 정도의 재원이 필요한 것 같다. 우리나라에도 유일한 박사를 비롯하여 훌륭한 기업가들이 많다. 또 최근에는 기업의 사회공익활동도 대단히 활발하다.

욕심을 부린다면 우리나라에도 노벨같은 높은 안목을 지닌 훌륭한 기업가가 나와, 노벨상 못지않은 '이순신상'을 만들었으면 좋겠다. 개인적으로는 기업가 개인에 호소하는 방식보다도 국민운동으로 캠페인을 벌였으면 하는 생각도 든다. 일단 문제의식을 사회에 던지니 어디선가 메아리가 울려 퍼지기를 진심으로 바란다.